ARISTOTLE

亚里士多德全集

第十卷

苗力田　主编

中国人民大学出版社
·北京·

《亚里士多德全集》编译组成员

苗力田　徐开来　秦典华
余纪元　颜　一　喻　阳
申　明　崔延强　李秋零

目　　录

雅典政制

颜　一　译

* Athenaioon politeia 据《洛布古典丛书》希腊本文。

【1】 ……[①]缪农，〔陪审员们〕凭牺牲起誓，皆出自高贵的门庭。亵渎神灵的罪名被判成立，他们本人的尸首被从坟墓中抛出，他们的家族被判永世放逐。凭着这些举措，克里特的埃比门尼德净化了这个城邦。

【2】 在此之后，发生了显贵阶层与大众之间长时间的派别之争。因为他们的政体在各个方面都是寡头制的，事实上穷人们本人连同其子女和妻室全都为富人们所奴役，他们被称为“柏拉太”[②] 或“六一农”，因为他们按这一比数为其所耕种的富人们的土地交租(所有的土地均为少数人所瓜分)。要是他们未能交纳地租，他们本人及其孩子就会被掳去，并且，所有的借贷均是以人身为担保，直至梭伦的时代为止；此人第一个成为平民的首领。就大多数人而论，在政体方面最为难忍和辛酸的事情就是身受奴役；非但如此，他们对其他各方面亦觉不满，因为他们可以说实际上处于没有分享任何东西的境地。

【3】 在德拉科以前，古时政体的组织形式有如下述。官员们的委任依据的是门第高贵及富有；开始时是终生任职,其

① 纸抄本从句中开始，前面的文字当为〔他们受到审判，控告者为〕。
② pelatai（复数形式），意为“随从，附庸”。

后才是以10 年为期。最高和最古老的官职是君王、督战官和执政官，其中君王是最早的，因为它是世袭的。接下来增设了第二种官职，即督战官，这是由于某些君王临战时变得怯懦了——正因为如此雅典人陷入危难时曾召请伊翁来相助。最后才有了执政官一职，大多数的人认为它产生于麦当的时代，有些人则说是在阿卡斯托的时代，他们援引 9 位执政官发誓要同在阿卡斯托的时代一样履行其誓言为证，以此表明在他的时代科德罗斯家族从王位隐退从而换得授予执政官的各项特权。但无论取哪一种说法，在年代上的差别将是十分微小的；而它在这几种官职中最晚产生的一个表征是，执政官绝然不像君王与督战官那样参管祖先祭祀，而是单单限于增设的那些职能；因此执政官这一职位变得极其显赫乃是晚近的事情，凭借增设的职能而膨胀。许多年过后才选举立法官，此时各类官职已是年年选举了，让他们来颁布各种法令，保存它们以期对各种讼争作出裁决；所以以上官职中也只有这一种的任期不长于一年。各种官职相互间在时间上的先后即是这样。当时九位执政官并不全都住在一起。君王住在如今称为布科利昂的地方，在主议厅附近(一个证明是：直至今日君王的妻子与狄奥尼索斯之婚配仍然在这里进行)；执政官住在主议厅，而督战官住在埃比吕克昂(它原先叫做督战官官邸，及至埃比吕科斯任督战官时对它进行了翻修和装点，遂有了埃比吕克昂之称)；立法官们则住在立法院。到了梭伦的时代，他们全都住进了立法院中。他们还有对各种讼案作出最终裁决的自主权，而不是像现在一样仅限于预先的审理。有关以上官职的设置情况即如上述。最高法庭议事会[①]具有护卫法律的职能，但它管辖着城邦中大部分最重大的事务，并对一切扰乱公共秩序者直截了当地进行判刑或罚款。因为执政官的选举乃以高贵门第及富有而定，最高法庭的成员从这些人中委任，因此它是唯一一种至今保留了终生制的官职。最初一种政体的梗概即如此种情形。

【4】 在此之后，过了不长一段时间，在阿里斯泰喀摩斯执政期间，德拉科订立了他的法规，其纲领有如下述。公民权授予所有得以具备武装的人；9 位执政官从那些拥有不少于 10 米那之自由财产的人中选出，其他诸种较低的官职则选自得以具备武装的人，将军与骑兵将官从那些显明其拥有不少于 100 米那之自由财产并且其出于合法妻室的子女业已超过 10 岁的人中选出。直至（离任时其帐目报告受过）审查之前的数年里，这些官员都必须为主议官、将军及骑兵将官等职而交保，须采纳 4 名与将军和骑兵将官们同属一个阶层的人作为担保人。议事会由 401 人组成，从公民中通过抽签产生；这一官职以及其他官职由年龄超过 30 岁的公民抽签决定；在所有人都轮到过之后将重新开始抽签，在此之前同一个人不得任职两次。假如某一位议事会成员在议事会或公民

① 直译为“战神山议事会”，战神山为雅典最高法庭所在地。

大会开会时未曾到会，属500麦第姆诺[①]阶层者须付3个德拉克马的罚款，属骑士阶层者须付2个，属有牲口阶层须付1个。最高法庭议事会为法律的护卫者，并且监督各类官员，以使其依照法律来统治。遭受不公正对待的人可以向最高法庭呈交申诉，言明自己受到不公正对待与哪一条法律相违。如前所述，各种借贷以人身为担保，而且土地为少数人所瓜分。

【5】 这一政体中的组织形式就是这样一种性质，大多数人为少数人所奴役，平民们起来反对显贵阶层。派别之争十分激烈，而且各个派别长时间地相互对峙，后来人们一致推选梭伦为调停人和政体官，将政体托付于他——在他写过一首开头如下的挽诗（在诗中他为每一派别向别的派别开战和辩争）之后：

> 我看到，满腔悲痛地目睹
> 伊奥尼亚最为古老的邦土
> 正在遭受戕戮；

再劝诫人们联合起来结束他们之间存有的争端。梭伦在出身与名望方面均属上等阶层，但在财富与现实地位方面属中等阶层，正如他得到了其他阶层的一致认可以及如他本人在奉劝富人们不要贪得无厌的这些诗中所证明的一样：

> 抑制你们心中那难抑的意向，

① medimnos，阿提卡通用的谷物度量单位。

囤足了众多财物的人们；

收束你们狂妄的心思，我们将不会依顺，

你们也再难满享这份奢荣。

总的说来，他一再地斥责富人们为纷争的根由，因此在挽诗的开头他声言自己害怕

对钱财的热爱与傲慢的心怀

意谓仇争正是从这些中产生的。

【6】 梭伦主宰政事之后通过禁止借贷以人身为担保使平民获得了自由，既在当时也延续至将来，他还制订了法律，取消了一应私人与公众的债务，这一举措被称为“卸担”①，意即卸去人们身上沉重的负担。在这些事情上某些人试图中伤他，因为当梭伦即将实施“卸担”时预先告诉了一些显要之人，后来，据平民派的说法，他受挫于其朋友的计谋，然而据那些意欲诬蔑他的人讲，他本人也与之共谋。因为，这些人借来钱买下了大量的土地，其后不久随着各种债务被取消他们变成了富人；据说这就是在后来享有原富之名的那些世家的发端。尽管如此，平民派的说法更为可信些，因为无法想象一个在其他事情上如此谦恭与奉公，以至于当他有法使任何一派归顺于他从而僭治城邦时却宁可招致两派的敌视而置城邦的荣耀与安全于其自身腾达之上的人，竟会在这些微

① seisaktheia。

不足道的事情上给自己抹黑。他握有此种大权可由事态之紊乱得到证实，而他在自己的诗中也多处作了记述，并且其他所有人都一致拥戴他。所以，我们应当认为这一指责是不实之辞。

【7】 他建立了一个政体，并另行制订了法律，人们停止使用德拉科除关于凶杀之外的各种法令。这些法律被颁写在木板上，竖立在王室柱廊里，所有人都发誓恪守它们，9 名执政官还要在那块石头跟前起誓：如果他们僭越了某条法律，他们将献塑一座金像；由此执政官们至今依然要这样起誓。他确立的法律延续了上百年之久。他以这种方式来规划他的政体：根据财产把人们划入四个阶层，与先前的划分一样，划为 500 麦第姆诺户、“马户”（骑士）、有牲口户和雇工；其各种官职分配给前三个阶层中的人担任，如 9 名执政官、财政官（司库）、监契官、“十一人”和掌俸官，各种官职按各阶层财产的多寡进行分派，属雇工阶层者仅仅得到了参加公民大会和陪审法庭的权利。一个人的家产如果不论干湿总计达到了 500 麦第姆诺，他就应当被划为 500 麦第姆诺阶层，马户则只达到 300 麦第姆诺——按有些人的说法乃是那些能够养得起马匹的人；这些人拿这一阶层的名称为证，意即它得自于（能养马）这一事实，还以早时的一些谢祭为证；因为在雅典卫城竖立着一座狄菲洛斯的像，其上题有这样的字样：

狄菲洛斯的儿子安塞米昂奉竖此像以谢众神………

由雇工阶层升为马户——

像旁站着一匹马，印证这就是“马户”的含义。尽管如此，更加合理的解释是它像500麦第姆诺户那样是依据财产度量数来划分的。有牲口户阶层是那些家产不论干湿总计达到200麦第姆诺的人，其余的人则属于雇工阶层，不得担任任何官职；因此即便是到了今天，当即将为某一官职而抽签的人被问到他属于哪一阶层时，没有一个人会说自己属雇工阶层。

【8】 他规定各类官职从各部族预先选出的候选人中经抽签而定。每一部族预先选出10位候选人以角逐9名执政官的职位，再从这些候选人中抽签而定；由此延续下来每一部族抽签选举10人然后再从这些人中进行签选的惯例。他规定抽签选举限于满足财产资格者之中的一个证据是关于财产官的那条一直到今天仍然被运用着的法律；因为它明令财政官必须从500麦第姆诺阶层中抽签产生。梭伦关于9名执政官的立法就是这样；而在早先时候最高法庭议事会召集并自行决定适合于每种官职的人选，委任其任职一年时间。从每一部族中分出三个“三分部”，每一部族对应于12个“舰区”①，于每一舰区中设置一名长官，即舰区主事，被任命来主管当下的征收和开支事务；因此在梭伦的不再被运用的法律中，多处重复出现“由舰区主事征收”及“从舰区主事经费中支

① naukraria，每一舰区负担一艘战舰的开销。

销”字样。他组建了一个 400 人的议事会，每一部族出 100 人；但他指派最高法庭议事会负责护卫法律，就像它先前作为政体的监督者而存在一样；它督察其他各种事务以及政治生活中大多数最重大的事务，制裁犯罪者，拥有罚款和判刑的决定权；它将回收的开销转入卫城，不就开销作附加说明；它审讯那些图谋颠覆平民制的人，关于他们梭伦订立了一条告发的法律。看到城邦常常处于纷争之中，而有些公民由于疏懒乐于听任事态自行演变，针对这些人他制订了一条特定的法律，规定凡是在城邦陷入纷争时不拿起武器跟随某一派别者将被褫夺其公民资格并且不得参与城邦事务。

【9】 其关于各类官职的制规即如上述。在梭伦的政体中，看来有三点最具平民性质，最先也是最重要的一点是禁止借贷以人身为担保，接下来是凡愿意者皆被允许替遭受不公正对待的人申冤，第三点——人们说最主要地是凭借了这一点大众才获得了力量——是向陪审法庭申诉的制度；因为对投票有决定权的平民们成为了政体的主宰。此外，由于这些法律颁订得既不简明又不清晰，而是与有关继承及嗣女的那些法文一样，必定会引出众多的讼争，陪审法庭则成为一切公共及私人事务的裁决者。因此有些人认为他有意使得这些法律含混不清，从而使平民成为判决的主宰。然而这是不大可能的，其实是由于他不能够以通用的辞句界定最完美的观念；因为从今天所发生的事实而不从其政体的其他方面去

考察他的意图是不公正的。

【10】 上述这些举措看来体现了其法律中的平民特征，而在立法之前，他所做的是废除债务，此后又提高了度量、重量和货币的标准。在他的时代，度量比斐多时代的要大，1 米那由先前的 70 德拉克马重，增加到了足足 100 德拉克马重。早先的币型是双德拉克马型。他还使币值与重量相符，1 塔仑特重 63 米那，多出的 3 米那重量按比例分配到斯塔特尔和其他级币重上。

【11】 他按照上述方式组织其政体后，人们接连去他那里以有关其法律的事情烦扰他，责备一些地方或追问另一些地方；他既不愿意改动这些法规又不想留在这里招人嫉恨，于是便去了埃及，既为贸易也为观光，声言在 10 年内不会返回，因为他不认为留下来阐释这些法律是公平的，倒是人人应该恪守这些业已成文的法规。与此同时发生的是，许多显贵之人由于债务的废除变得同他疏远了，而且双方派别由于其造成的格局不合他们的心意也转变了态度。因为平民们原以为他会重新分配一切财产，而显贵者以为他要么会恢复到与先前相同的秩序，要么仅作微小的偏离；但是梭伦违背了双方的心愿，在无论迎合哪一派意愿都可以实现僭政的情况下，他却宁愿选择拯救母邦和订立最完美法律而招致双方的仇视。

【12】 其他所有人众口一辞地承认以上这些便是实际的情况，而且他本人在诗中也就此作了记述：

我给予平民的尊荣恰如其分，
不夺走他们的尊荣，亦不予以扩增；
那些拥有势力和因钱财而显赫的人，
我也留意使他们不致身蒙任何屈辱的事情，
手执坚盾我挺身遮护两者，
不让任何一方不公正地取胜。

再有，他明言应当如何对待大众：

这样平民将最服贴地听从其领袖，
既不过于放任也不一味恃强；
餍足产生暴虐——当大量的财富
倾注到心智尚不完备的人身上。

在另外一处他又讲到了那些想要瓜分土地的人：

他们满怀奢望奔打劫而来，
其中每一个都盼着发现大量的浮财，
而我，仪表温柔却显露出内心的严厉。
这时其幻想成空，恼怒立刻激起，
眼含狐疑地把我打量，所有人都变成了我的仇敌；
不应当哪；我所允诺的事情蒙众神相佑均已做到，
而且没有无谓的尝试；吾心不愉悦于
凭某种残暴武力之统治，也不想看到
在母邦的沃土上好人与恶人平坐平起。

他还讲到债务的取消以及那些先前身受奴役而由于“卸担”获得了解放的人：

在为平民而做的事情中，
有哪一件我曾中途停顿？
在时间的审判面前，这一切最适切的证人
将是奥林匹亚诸神最伟大的母亲，
苍茫大地，Gee，从她那里
栽入的界桩我拔起了不知多少根，
先前沦受奴役的她，如今已是自由之身。
有多少被卖走的人，我都一一带回
母邦雅典——神垦的故土，或者卖得公正，
或者并非公正；而那些由于
债务逼迫而逃走的人，他们的舌头不再能够
送发阿提卡乡音，皆因其八方飘零；
还有那些就在此地屈身为奴的人，
在其主人面前瑟瑟发抖，
我把自由给了他们。这一切成为时尚，
强权与正义终相谐配，
我之允诺已经依样完成。
同等对待恶人与善人的法规，
让正义径直进入每一个人的世界里，
是我拟定。要是其他人拿着我这根刺棒，
一个蠢笨而又爱财的人，

他将无法遏制平民。
因为我若一时意想令敌对中的一派高兴的事情，
一时又为另一派的怂恿而动心，
城邦就将被夺去众多的生命。
为此我奋力威慑四方八面，
恰像一只孤狼团团受困在犬群。

再如他对这两派后来所发怨尤而痛斥：

如果应当响亮地痛斥平民，
今天他们拥有的一切
就是在睡梦中也不曾为他们的眼睛瞥见……
而那些权势有加的大人物们，
本当带着赞誉来同我做朋友；

他讲道，假若其他某个人占得了这一职位：

他将无法遏制平民，也不会提早停止
直至他已然翻搅并盗走了乳脂；
而此间的我恰像在两阵之间
一根界柱傲然屹立。

【13】 由于这些原因，梭伦决定远走他乡。当他远走之后，城邦仍然处于纷乱状态，不过在整整四年里人们保持了平静；待到梭伦执政之后的第五年，由于纷争人们无法推举出一位执政官，其后的第五年出于同一原因人们让执政官一职空缺了。在此之后，过了同样长的时间达马西阿斯被选为

执政官，在任二年零二个月，直至被人以武力赶下台。随后，由于纷争人们赞同选举 10 名执政官，5 名出自身世高贵者，3 名出自农民，2 名出自工匠，这些人在达马西阿斯之后的一年上台执政。这表明执政官具有极大的权力，因为围绕这一官职人们显然在不断地进行争斗。总的说来，人们持续处于相互倾轧的紊乱状态中，一些人以债务的取消为因由和借口（因为结果是他们变成了穷人），另一些人则由于发生了巨大的变故而对政体不满，还有一些人是由于相互间的仇隙。共有三个派别：其一为滨海派，其首领为阿尔克迈翁的儿子麦加克勒斯，他们被认为主要是在追求一种适中的政体；另一为平原派，他们寻求寡头制，其领袖为吕喀古斯；第三为高地派，率领他们的是佩西斯特拉托，他有着极端平民派的名声。这一派的支持者有那些被剥夺了债权的人，其缘由是贫穷，和那些血统不纯的人，其缘由是恐惧；一个证明是，在僭主制被推翻后，人们对投票进行了修改，因为许多不具权利的人参与了政体。以上各个派别均由其所在垦居的地带而得名。

【14】 负有极端平民派名声并且在对麦加拉的战斗中获得了美名的佩西斯特拉托，弄伤了自己却说成是遭到了敌对派别的人戕害，趁而劝说平民们给他一支护身卫队，阿里斯蒂翁草拟了这一决议。他得到了那些被叫做“带棒者”的人后，带领他们镇压平民并攻占了卫城，时值（梭伦的）这些

法律订立后的第三十二年，正当科麦奥斯执政时。据说当佩西斯特拉托申请卫队时，梭伦曾表态反对，说他一方面比一些人聪明，另一方面又比另一些人勇敢；即，他比没有看出佩西斯特拉托欲图僭主之位的那些人聪明，又比明知其意却噤若寒蝉的那些人勇敢。其言辞既已说服不了人们，他就把自己的甲胄拿出来放在家门前，说就力所能及的而言自己已经尽力相助了(因为他已经是垂暮之人了)，并且他敦劝其他人也依样而行。可是梭伦此际的规劝毫无成效，佩西斯特拉托遂掌握了政权，在公共事务上他奉行一种较之于僭政更具共和色彩的政策；但在他的统治尚未扎下根来时，麦加克勒斯与吕喀古斯的人齐心合力赶走了他，其时为他当初起事之后的第六年，正当赫格西奥执政时。此后的第十二年，疲于应付党争的麦加克勒斯重又派人同佩西斯特拉托交涉，以后者娶其女儿为条件，通过一种古老而又极其简单的方式引其还乡。即事先放出话说雅典娜将领佩西斯特拉托还乡，他找到了一位高大而美丽的妇女——按希罗多德的说法她来自派安尼亚地区，但按某些人的说法她是来自科吕托斯的一位卖花女，名叫费厄——把她穿戴得肖似女神后将她和佩氏一道引回；佩西斯特拉托驾着马车入城，身旁站着这位妇女，城里的人们大为惊讶，卑恭地接纳了他们。

【15】 他的第一次还乡便以上述方式发生。这之后，在其还乡后大约第七年他再一次被驱逐——因为他没有控制多

长时间的局势，却由于不愿与麦加克勒斯的女儿以夫妻相伴，他在陷入对两派都感到恐惧的境地时悄然遁去——；起先他驻扎在塞尔芒湾周围的一个名叫阮刻洛斯的地方，再从那里进入潘盖乌山附近地区，他由此处得到了钱财并雇佣了军士，在第十一年他重新回到了埃勒特里亚，他第一次试图借助武力来恢复其统治，这得到了许多人的踊跃支持，特别值得一提的是忒拜人和纳克索斯的吕格达米斯，还有把持埃勒特里亚政权的骑士们。赢得了巴勒尼斯一战后，他占领了城邦并解除了平民的武装，于是他牢牢地建立了僭政，还攻下了纳克索斯并任命吕格达米斯为统治者。他以下述方式解除平民的武装：他指使一队全副武装的兵士待在忒修斯神庙，再主持公民大会，他低低地讲了几句，当人们嚷嚷说听不见时他叫他们走上卫城的前廊，以便听得更清楚些；在那里他讲了很长时间，被安排去办此事的那些人收集起人们的武器，把它们锁在与忒修斯神庙毗邻的房间里后便前去通报佩西斯特拉托。后者讲完了其余的话后，告诉了人们关于其武器所发生的事情，让他们不必惊慌失措，只须回家料理他们的私务，至于公共的事务则由他来照管。

【16】 佩西斯特拉托的僭政最初就是以这种方式建立起来的，它有下列一些变化。正如前述，在城邦事务方面，佩西斯特拉托奉行一种谦和的政策，比僭主制更为开明；他在其他各方面都仁爱而温和，并且对过失者甚为宽容，他还提

早借钱给穷人们以帮助其从事农活。他这样做有两个目的，即为了让他们不在城市中逗留而是散居于乡间，以及如此使他们适当地富足并安心于私务，从而既没有欲望也没有时间来料理公共事务。而且土地的充分耕垦也给他带来了大量的收益；因为他对各种产品征收什一税。因此他还设置了居住区法官，而且时常亲自去乡村巡视并消解各种纠纷，以使农人们不致进入城市而荒废了农活。正是在某一次这样的出巡中，据说发生了那位耕种一块后来被称为“免税地”的土地的胡梅托斯人的事情。他看见一个人在一块处处是石头的地里掘挖和忙碌着，出于惊讶他命随从去问那人要从这块地里种出什么来，“一切疼痛和痛苦”，此人答道，“而佩西斯特拉托一定要收取这些疼痛和痛苦的什一税”。此人并不知道他在回答什么人的问话，但佩西斯特拉托因其率直和勤劳而愉悦，免去了他的所有税项。在其他各种事情上，他的统治也没有给群众带来什么不安，而是一直在培植和平和确保平静；所以常常可以听到佩西斯特拉托的僭政是“克罗诺斯时代”的说法；在后来发生的是当他的儿子继位后政权变得苛厉多了。所有这些评说中最突出的是他在性情上的平易和仁爱。在各种事情上他情愿依照法律一一办理，不给自己以任何特权。曾有一次为一桩凶杀指控他被传唤去最高法庭受审，他亲自出庭申辩，发出传唤的人吓得溜走了。因而他的统治维持了很长时间，每次被逐走他都能轻而易举地重得权位。因为大多数的显贵人士与平民都情愿如此，这是由于他因通达而赢得了前者，因帮助其私务而赢得了后者，并且其天性讨两者喜欢。而雅典在那一时期关于僭政的法律是温和的，除其余的外，关于建立僭政的条款尤是如此。他们的这条法律如下："雅典世传的法规兹此：如果有人起事以图行施僭政，或者有人出力匡助以建立僭政，他本人连同其家族将被褫夺公民权。"

【17】 佩西斯特拉托就这样在僭位上渐至耄耋，在斐洛奈奥执政时死于疾病，自从其最初自立为僭主算起已活过了33年,但他在位的时间只有19年,在其余的时间里则逃亡在外。因此有关佩西斯特拉托受梭伦的宠幸和他指挥了为收复萨拉米而与麦加拉进行的战斗的说法显然是无稽之谈，因为他们的年龄使这成为不可能，如果有人推算过各自的生年和他们死于谁执政时的话。佩西斯特拉托死后，他的儿子继掌了政权，以相同的方式导引各种事情。他有两个出于合法婚姻的儿子，希比阿斯和希帕科斯，还有出自阿尔戈斯姬妾的两个儿子，伊奥丰和又名塞塔洛斯的赫格西斯特拉托。因为佩西斯特拉托娶了一房阿尔戈斯女子，名为蒂蒙娜莎，她是一个名叫戈尔吉洛斯的阿尔戈斯人的女儿，先前曾为阿尔钦洛斯的妻子，此人为阿姆布拉克亚人，属库柏斯卢家族。他与阿尔戈斯人的友情即起源于此,在巴勒尼斯一役中,1 000名阿尔戈斯人在赫格西斯特拉托的带领下替他出战。有些人说他娶阿尔戈斯女子是在第一次受逐期间，另一些人说是在

他控制政权期间。

【18】 由于其地位及年龄，希比阿斯与希帕科斯取得了对各种事务的主宰权，但希比阿斯年长且在天性上适于政治而聪慧，实际上掌握了大权。而希帕科斯耽于享乐与色情，又喜好文学（正是他把阿那克瑞翁、西蒙尼德及其他一些诗人带到了雅典）；塞塔洛斯要年轻得多，在生活上鲁莽而残暴，落到他们家族上的一切灾祸就是从他这里开始的。因为他爱上了哈尔摩狄俄斯，在一再得不到后者对他的爱的情况下其怒火便失去了控制，遂在各种事情上刻毒地宣泄出来，最终，当哈尔摩狄俄斯的妹妹将在祭神庆典游行中担任持篮女时他阻止了她，辱骂哈尔摩狄俄斯为一个生活靡烂的人；由此生出的狂怒导致哈尔摩狄俄斯与阿里斯托革同采取那次行动，有很多人参与了密谋。在祭神庆典中，他们已在卫城对希比阿斯进行监视（后者正好迎接游行，而由希帕科斯指引队列），他们看见共谋此次行动的一个人正在非常亲近地同希比阿斯讲话，便认为他在出卖他们，想在被抓起来之前有所作为的他们没有等待其他同伙，冲下去率先行动了；他们虽在勒俄科瑞昂碑近旁杀死了正在整理游行队伍的希帕科斯，但是断送了整个行动；其中哈尔摩狄俄斯立刻丧命于长矛手，而阿里斯托革同被抓起来，在受了很长时间的折磨后才死去。受拷问期间，他供出了许多人的姓名，他们本身属显要家族且为僭主们的朋友。在一开始并不能够找到此次举事的踪迹，但

流行的说法——希比阿斯令游行队伍中的人们扔掉武器再搜寻那些暗藏着匕首的人——却是不真实的；因为在那时人们游行时并不携带武器，这是后来平民制采取的做法。阿里斯托革同供出僭主的朋友，照平民派所说，其意图是为使抓他的人表现不敬，与此同时让他们杀掉无辜者及他们自己的朋友从而削弱其自身。但是据某些人说他的招供并非捏造，他告发的正是他的同伙。最后，当他想尽办法也不能一死了之时，他答应告发更多的人，诱使希比阿斯将右手伸给他以确定其所说属实，当他抓住了这手时又嘲骂后者将右手伸给杀死其胞弟的仇人，这样希比阿斯勃然大怒，拔出短剑结果了他。

【19】 此后的僭政变得苛厉多了；由于要为其胞弟报仇，他处死和放逐了很多人，变成了一个对任何人都不信任和急躁不安的人。希帕科斯死后的第四年，城里的事态变得很糟，于是他着手在穆努基亚筑防，以图把官衙搬迁到那里。而正忙于此事时他被斯巴达王克勒奥米尼逐走了；由于下述原因斯巴达人不断收到神谕令其去推翻僭政，由阿尔克迈翁的族裔领导的逃亡者不能够单凭自身的力量还乡，他们不断遭受挫折；在其他种种尝试惨遭失败后，他们在乡间筑建了雷普苏德里昂堡垒，在巴尔奈斯山上，从城里出来的一些人也进入此中相助，然而他们被僭主派围困并缴械，由此这次灾难后来编入了人们的酒歌：

噢！不忠实的雷普苏德里昂，
多少男儿被你打发归阴，
骁勇善战更兼血统高贵，
此际他们证明了自己何种出身。

在其他各种办法未能成事的情况下，他们退缩以重修德尔斐神庙，由此得到了用于求得斯巴达人帮助的财饷。而皮蒂亚[①]不断地诫令来求神的斯巴达人，要他们去解放雅典，直至把斯巴达人指引到了这件事情上，尽管佩西斯特拉托家族与他们素昧平生[②]；而存在于佩西斯特拉托家族与阿尔戈斯人之间的友情对于促使斯巴达人动心所起的作用至少不亚于前一因素。一开始时他们派遣安奇摩洛斯带领一队士兵从海上进发，但由于帖撒利的克奈阿斯带领 1 000 名骑兵来助战，他被打败并送了命；为发生的这一事件所激怒，他们派其君王克勒奥米尼率领更多的人马从陆路进发；克勒奥米尼战胜了试图阻止其挺进阿提卡的帖撒利骑兵，把希比阿斯封锁在一个名叫柏拉尔吉康的堡垒里，和雅典人一道对其实施包围。当他在此前安营扎寨时，佩西斯特拉托家族的儿子们在试图逃走时被抓住了，受此挟制他们遂以这些孩子的安全为条件达成协议，在 5 天内搬走他们的家当，再把卫城交付于雅典人；其时正值哈尔巴克提德执政，在他们的父亲死后他们维持僭

① Puthia，德尔斐的女祭司。
② 或解作“素相友善”。

政大约 17 年时间，加上其父亲当政的时期统共达到 49 年。

【20】 僭政被推翻后接着是提桑德尔的儿子伊萨戈拉斯——僭主的朋友——与属于阿尔克迈翁家族的克勒斯泰尼之间的党争。为政治宗社所排挤的克勒斯泰尼成了平民们的头领，他（许愿）把政权交付于大众。伊萨戈拉斯在权势上落了下风，于是他重又邀请作为其至交的克勒奥米尼，敦劝其驱逐“被诅咒者”，因为阿尔克迈翁一族有着背负诅咒的名声。克勒斯泰尼悄悄地溜走了，而克勒奥米尼带着少量的军队入境并驱逐了作为被诅咒者的 700 户雅典人家。做到这些后他试图解散议事会并扶立伊萨戈拉斯及其 300 朋友一道 为城邦的最高主宰。然而议事会进行了抵抗，群众聚集起来，克勒奥米尼和伊萨戈拉斯的人马逃入了卫城；平民们在前面驻扎下来并围困了两天。在第三天他们同意让克勒奥米尼及其所有随从离开，以召回克勒斯泰尼和其他逃亡者。平民控制了局势后，克勒斯泰尼成了平民的领袖和头领。大致上，阿尔克迈翁家族是僭政垮台的最主要原因，而大部分事情是在纷争之中完成的。甚至早在阿尔克迈翁家族之前，喀东就攻击过僭政，因此人们在酒歌中也对他表示了纪念：

还要为喀东满斟此杯，孩子们！切莫忘却，
如果应当举杯敬祝善良的雄杰。

【21】 由于以上原因，平民们对克勒斯泰尼十分信任。

当他成为民众的首领时，在僭政倒台的第四年即伊萨戈拉斯执政时，他将全邦分为10个部族以取代原先的4个，意欲使不同部族的成员充分混杂，如此可使更多的人参与政体；由此有了“不要判别部族”的说法，这针对的是那些想盘查人们的家族的人。接着他将议事会由400人增设为500人，每一部族各出50人，而先时曾是各出100人。由于这一缘故，他没有编排成12个部族，以使他可以不沿袭既存的三分部划分（因为从4个部族可分出12个三分部），以至出现民众不能够混杂的结果。他还把邦土按照居住区分为30部分，城市周围的地区、滨海地区、内陆地区分别分为10个部分；他把这些部分称为三分部，通过抽签把它们三个一组地归入每一部族，以便每一部族都能分有全部各类地区。他使每一个居住区内的居民都相互成为其他居住区的（名义）乡民，为的是使新公民们不致因其父名的使用而受窘，而可以借其居住区的名称来称谓；雅典人私下里以区名相称即源于此。他还任命了居住区长官，与先前的“舰区主事”有着相同的职责，因为他以居住区代替了舰区。他给居住区命名，有些取自于其所在地，有些则取自于其开拓者，因为并非所有的居住区都与其所在地在名称上相符。另一方面，他允许每一个人按照祖传习惯保持其家族、宗族和祭祀。部族则由皮蒂亚从事先选好的100位英雄中排出10位以命名。

【22】 经过这些举措后的政体变得比梭伦时更具平民特

征。在僭政时期，由于废置不用梭伦的法律被取消了，克勒斯泰尼另行订立了一些新法，以维护大多数人为目的，其中包括有关“陶片放逐法”的那条法律。首先，在建政后的第五年即赫尔摩克瑞翁执政时，人们为500人议事会拟设了那条至今尚在使用中的誓言。然后，他们按部族选举将领，每族选出一名，整个军队则由督战官来统领。此后的第十二年，他们在马拉松一战中获胜；弗艾尼波斯执政时，即此次获胜两年之后，平民们的气势已壮，这时他们第一次运用有关“陶片放逐”的法律，这条法律之订立乃是出于对那些权高位重者的防范，因为身为平民领袖和将军的佩西斯特拉托就曾自立为僭主。第一位为“陶片放逐法”所放逐者是他的一位亲戚，科吕托斯区的查尔莫的儿子希帕科斯，克勒斯泰尼制订这条法律最主要就是起因于他，意图放逐此人，因为雅典人允许僭主的朋友中凡是于乱时未参与恶行者均可居留在城邦中——这展示了平民们惯有的温和态度；而希帕科斯即是这些人的领袖及头领。紧接着在第二年中，在特勒西诺执政时，自僭政之后人们第一次通过抽签选举了9位执政官，按照各个部族从居住区居民们预先选定的500人中选出；而在先前全都是投票选举。阿洛柏客区的希波克拉底的儿子麦加克勒斯也遭陶片放逐。在三年时间里，人们不断放逐僭主的朋友们，这条法律的目的也正在于此，然而此后在第四年它也被用来除去其他看起来过于强大的人。第一个与僭政无关而遭陶片放逐的人是阿里弗朗的儿子克桑施波。此后的第三年，在尼各麦德斯当政时，由于在马若内亚发现了矿藏，此项劳作给城邦带来了100塔仑特的收益，某些人劝说把这笔钱分给平民，但忒米斯托克勒进行了阻止。他并不讲明要将这笔钱用于何处，而是提议把它借给100位最富有的雅典人，每人1塔仑特，然后假如其花销令人欣然，城邦将会受益，如若不然，城邦可以从贷主那里收回钱来。以此为条件他把这笔钱拿去处理掉了，用它建造了100艘三层桨舰，100位借款人中每人建造一艘，正是凭借这些战舰人们在萨拉米进行了同蛮族人的海战。恰值此时，吕西马科斯的儿子阿里斯泰德遭受了陶片放逐。3年过后，在胡普舍基德执政时，由于薛西斯的征讨人们允许所有遭陶片放逐的人还乡；为以后着想，人们为遭陶片放逐者划定了一条界限，禁止他们居留于吉赖斯托与斯库莱奥之间，一次性地剥夺其公民权。

【23】 那时候，伴随着平民制的逐渐增长，城邦就演化到了这一地步；及至波斯战争后，最高法庭议事会再次强大起来并掌管了城邦。它获得领导权并未凭借任何条文，而是凭借了它是萨拉米战役的成因。因为面对事态将领们已陷入穷途；吩咐大家各人照应各人，而议事会拿出了一笔钱给每个人8个德拉克马以使其到战船上就位。由于这一缘故，将领们让位于它以表尊敬，而在这期间雅典得到了良好的治理；在这段时间里，人们尽心投入战斗，在希腊人中间赢得了美名，为斯巴达人所不愿地赢得了海上领导权。这期间平民的

首领是吕西马科斯的儿子阿里斯泰德和奈奥克勒斯的儿子忒米斯托克勒，后者熟谙战事而前者精于政治，在正直上卓尔不凡；因此一者被任用为将军，一者为劝议官。卫城之修复就是他们共同督导的，尽管他们彼此不和；正是阿里斯泰德促成了伊奥尼亚诸邦脱离与斯巴达的联盟，他抓住了斯巴达人由于鲍桑尼阿斯而不受信任的机会。因而也正是此人在萨拉米海战之后的第三年即蒂莫斯泰尼执政时首次估收了诸盟邦的献贡，他还给伊奥尼亚诸邦订立了同敌同友的誓言，将铁锭沉入海底以证其誓。

【24】 在此之后，城邦气势雄壮起来，敛聚了大量的钱财，他劝说人们掌握住（联盟的）领导权，劝其丢弃农事到城镇定居；他的理由是所有人都可以得到给养，有的在军队中服役，有的充任防卫，有的承担公共事务，如此一来就可以牢牢保持领导权。人们接受了这些建议，取得了霸权，以一种更为专断的方式对待诸盟邦，唯凯俄斯、累博斯与萨莫斯除外；这几处被当做帝国的卫堡，它们的政体得以维持原样，继续统治正好归其统治的对象。人们还如阿里斯泰德所提出的那样为众人确立了富足的食物补给，因为来自盟邦的贡物及税款加起来可以养活 20 000 人以上。而陪审员有 6 000人，弓箭手有 1 600 人,骑兵 1 200 人,议事会成员 500 人，船坞卫兵 500 人和此外的 50 名城内卫兵，邦内官员达 700 人,邦外官员亦达 700 人;在此之外,当后来进入战争时，

还有 2 500 重装步兵，20 条卫兵船以及其他运送卫兵[①]的船只，这些卫兵由抽签而定，多达 2 000 人。此外，还有主议厅、孤儿和狱吏；因为所有这些都要靠公库来供养。

【25】 平民们就是以这种方式获得给养的；由最高法庭掌领的政体在波斯战争后持续了 17 年，尽管日渐衰微。随着群众势力的增强，索福尼德的儿子埃菲阿特成为了平民的头领，有着清廉和秉公为政名声的他向该议事会发起了攻击。首先他通过就其行政管理提出起诉整垮了最高法庭的许多成员；随后在科农执政时，他革除了该议事会所有附加的权力，由于这些权力它才成为政体的护卫者，而且把它的一些成员分派给五百人议事会，另一些给平民会议，还有一些给陪审法庭。对于他所做的这些，忒米斯托克勒是其中的一个原因；他是最高法庭的一名成员，将有可能由于里通波斯而受审。一心想看到议事会被推翻，忒米斯托克勒一面向埃菲阿特说议事会将要逮捕他，一面又向最高法庭的人说他将揭发某些阴谋推翻政体的人。他把经过挑选的一些议事会成员领到埃菲阿特居息的地方，以向其显示聚集在那里的人多，并神色慌张地同其交谈。埃菲阿特看到后大为吃惊，身着单衣到神坛找个位子躲起来了。人人都对发生的事情感到吃惊，此后，当五百人议事会开会时，埃菲阿特与忒米斯托克勒一道指控最

① phrourous，或作 phorous“贡物”。

高法庭的人，而且在平民会议上他们又以同一方式重复其指控，直至革除了这些人的权力。而没过多久埃菲阿特又为塔那格拉的阿里斯托迪科所谋杀。

【26】 最高法庭议事会对政事的监督权就是以这种方式被剥夺的。在此之后，由于平民领袖们之急功近利，政纲日益衰弛。因为到这时节，贤能之士全然没有领袖，其中领头者米提阿德的儿子克蒙尚是一位涉入政事较晚的相对年轻的人；此外，大多数人饱受战争创伤；因为那时候征战的兵士选自公民名册，而将领们并无作战经验，只是凭借门第名声而有资格成为将领，于是接二连三地发生出征的队伍遭受2 000或3 000伤亡的事情；从而贫民中与富人中的贤能之人趋于枯竭。在其他所有方面都不像先前那样遵照法律来治理，不过选举9位执政官的办法并未更改。只是在埃菲阿特死后的第六年，决定也可从有牲口阶层预先选出从中抽签产生9位执政官的候选人；第一位出自其中的执政官是穆奈西赛德。在这之前，所有执政官均出自骑士或500麦第姆诺阶层，而有牲口者仅能担任普通的官职，除非是法律中的某一条规被忽略了。此后的第五年，在吕克西拉底执政时，再次设置了被称为“居住区法官”的30位法官；这之后的第三年，在安提多托斯执政时，由于公民人数之众多，按柏里克利的提议，规定凡是并非由公民双亲所生者均不得享有公民权。

【27】 在此之后，柏里克利升为平民领袖，他初次出名是在年轻时指责将军克蒙的待查报告；结果政体变得愈益平民化了。他减去了最高法庭的某些特权，极力促使城邦扩展海上力量，其结果是大多数人气势日盛，日益将政体的各个方面纳入他们自己的控制下。萨拉米海战过去48年之后，在普索多罗执政时，爆发了同伯罗奔尼撒的战争，其间平民们被围困在城市里，习惯了受饷于行伍中，一半情愿一半不情愿地下决心由自己来掌管政体。柏里克利起先也在法庭中服务领薪，作为针对克蒙之财富的一个措施以博取平民的欢心。因为克蒙拥有足以支撑一位僭主的家财，首先他出色地履行了例常的公务，其次他还供养了其居住区内的众多居民；拉克阿代区的任何一位成员只要愿意就可以天天到他家去领得一份适量的供给，而且他的所有土地均无栅栏，这样凡愿意者就可以尽享其中成果。较之于这种奢华，柏里克利的家产相形见绌，他接受了俄厄亚的达蒙尼德的劝告（此人被认为是柏里克利大多数措施的主谋者，因此在后来他遭到了陶片放逐），即既然他在私产方面一无所长，就应给予众人属于他们自己的东西，他给陪审员们设定了薪饷；依某些批评者所言这使得陪审员们被败坏了，因为抽签以任此职的更多地总是寻常之辈而非贤能之人。从此贿赂也开始发生，第一个施展此术者是在普洛斯担任指挥之后的安鲁托斯，当他由于丢失普洛斯而被一些人送去受审时，他贿赂陪审员后逃脱了。

【28】 在柏里克利担任平民首领的整个期间，政局趋于好转，但在柏里克利死后情形变得糟多了。因为平民们头一次接纳了在贤能之士中并无好名声的人作为其头领，而在先前一直是由贤能之士担任平民领袖。因为在一开始，第一位平民头领是梭伦，第二位则是佩西斯特拉托，他出自高贵而显赫的家族。在僭政坍塌之后是克勒斯泰尼，为阿尔克迈翁家族中的一员；他没有敌对者，因为伊萨戈拉斯一党被逐走了；其后克桑施波充当了平民的首领，显贵阶层的首领则是米提阿德。然后是忒米斯托克勒与阿里斯泰德，这两者之后埃菲阿特成为平民首领，而米提阿德的儿子克蒙成为富人们的首领；柏里克利随后为平民之首领，苏库迪德为另一派的首领，他是克蒙的一位姻亲。柏里克利死后，后来死于西西里的尼克阿斯成为显要人士的首领，平民的首领则是克勒艾奈托的儿子克勒翁，此人被认为以其狂暴最大限度地败坏了平民，而且是第一个在讲坛上嘶嚷和辱骂的人，并在讲话蛊惑平民之前把外衣翻卷起来，而其他人讲话时都是温文尔雅的。再往后哈格农的儿子忒拉美奈为另一派的首领，七弦琴制作者克勒奥丰为平民首领，此人第一个发放了两个奥布洛斯的济饷，他持续分发了一段时间，而后来派安尼亚的卡利克拉底予以废止，他在这两个奥布洛斯之外另加了一个奥布洛斯。这两人在后来都被判处了死刑；因为大众尽管可能被蒙骗，但后来往往会仇恨那些带领其做某种不得体之事的人。

自克勒翁以来,平民领袖的位置便一直为这样一些人占据着,他们肆意妄为,盯着当下的利益以取悦于大多数人。人们认为在那些先贤之后雅典最优秀的政治家是尼克阿斯,苏库迪德和忒拉美奈。关于尼克阿斯与苏库迪德,几乎人人都一致认为他们不仅是高尚而善良的人,而且是父亲般地统管整个城邦的政治家;而关于忒拉美奈,由于在他的时期政体发生了剧烈变乱,人们的评判则是众说纷纭。当然,那些并非随便说说的人会认为他并不像他的批评者所诽谤的那样是一切政体的败坏者,而是致力于把一切形式的政体都导向没有违法现象的境界,这表明他可以受治于任何一种政体下,这正是一位好公民可以做到的,他拒不向僭越法律者让步,宁可招致他们的敌视。

【29】 在战争势态平稳地延展的整个期间,人们保持了平民政体。然而当在西西里的惨祸发生后,斯巴达由于与波斯王的结盟变得极其强大,人们被迫废除了平民制,建立了400人专政的政体,在表决之前麦洛比奥陈述了理由,草拟决议者则是安那弗吕托斯的普索多罗;大多数人之所以信服最主要是由于他们认为只要把政体交给少数人波斯王就更有可能在战争中支持他们。普索多罗的拟议大致如下:在现有的10位预议官以外由平民们另外选举20名40岁以上者,在这些人宣誓要参考他们认为对城邦最有益的计策后,由他们来对城邦的安全进行谋划;而且其他任何人只要愿意就可以出来献策,以使他们可以从所有之中挑选最妥善之策。克来托

丰就普索多罗的拟议进行了补充，建议选出的官员也要研读克勒斯泰尼建立平民制时订立的那些遗法，以便他们在听取这些教诲后得以最妥善地作出计议，意谓克勒斯泰尼的政体并非平民制的，而是近似于梭伦的政制。当这些官员被选出后，首先建议主议官应当把所有有关城邦安全的提议交付表决；然后他们取消了对不合法提议的指控、告发及传审，以便但凡心有所想的雅典人都可以共商当前局势；他们规定，假如有人因为谁做了某件这类事情而对其罚款或指控或将其提交至法庭受审，他当受到揭发并被解送至将军们面前，将军们将把他移交给“十一人”处以极刑。其后，他们以这种方式来规划政体：城邦的收入不得花在除战争以外的其他任何方面；直至战争结束前所有的官员任职一律不受薪酬，但 9 位执政官与在职的主议官除外，这些官员每日领取 3 个奥布洛斯的薪酬；政体的其他所有方面均须托付给那些在身体和钱财方面最能为城邦出力的雅典人，不应少于 5 000 人，直至战争结束以前；这些人拥有决定权，可以跟任何合其意愿者缔结条约；须从每一部族选出 10 名 40 岁以上的人，在纯净的祭物前宣过誓后由他们来拟造那 5 000 人的名册。

【30】 选出来的那些人就推荐了以上这些；它们生效后，那 5 000 人从其成员中挑选出 100 人来草拟政体。这些被挑选出来的人草拟并公布了下列方案：议事会成员须超过 30 周岁，任职一年并且不领薪酬；他们中包括将军、9 位执政官、

圣职文书、百夫长、骑兵将官、部族长官、卫兵提督，女神祭祀司库和100名其他神癨祭祀司库，希腊财政官及掌管其他所有世俗钱财的司库20名，祭祀与监查官员各10名；所有这些官员均从预先选定的候选人中选出，一律选自均为现任议事会成员的人数更多的预选者；而其他所有官职均经抽签产生并且不出自议事会成员；行将掌管钱财的希腊财政官不得加入议事会。在往后的时间里，将产生四个议事会，由符合以上提及的年龄者组成，其中的一部分经抽签以履行议事职能，其他各部分亦经签选轮番担任此职。那100人将把他们自己及其他人尽可能均等地分成四个部分，再在其中进行抽签，中签的那部分人履行议事职能一年时间。他们将以在他们看来最为妥善的方式在钱财的安全保管方面和在必要的花销上行使议事职能,并且在其他各个方面竭尽其全能。假若他们想同更多的人一道来计议某事，每位成员都可以按自己的想法召来一名与其属同种年龄者作为增选成员。议事会每五天开会一次，除非需要开更多的次数。议事会抽签选举9位执政官。从议事会中抽签选出5名计票人,其中又每天抽签选出一人担当发问人。选出的这5人为那些想前来面谒议事会的人抽签（以定顺序），首先是祭祀方面，其次是信使，第三是使节，第四是其他各种事务；议事会的成员中于预定的日子不到议事院将被罚款每天1德拉克马，除非他身在远处，获准了不出席议事会。

【31】 以上就是他们为将来的时期拟设的政体，而在当前关头起作用的是：议事会依循先制由 400 人组成，每一部族 40 人，选自部族成员们从年龄超过 30 岁者中预先选出的候选人。这些人任用各类官员，草拟（官员们）发誓时要采用的誓词，并在有关法律、有关听审和其他各方面的事务中循着能导致有利结果的方向采取行动。他们须遵守在邦政方面可能会订立的各种法律，而不得越权改动或另立他法。将军的选举目前仅限于全部 5 000 人的范围之内，议事会一经上任立即进行一次武装检阅，选出 10 人及其文书，这些被选中者翌年任职一年，拥有自决权，他们只要需要就可以与议事会共商某事。还选出 1 名骑兵将官与 10 名部族长官；在将来，议事会则要依照上述规章进行这些官员的选举。除议事会成员和将军外，其余各类官员均不得连任同一官职，无论是由这些官员还是其他任何人来担任。在今后的日子里，为使那 400 人分成四个相继的部分，当每一部分人轮到与其他人构成议事会时，将由那 100 人来划分他们。

【32】 以上便是由 5 000 人选出的那 100 人拟设的政体。这些拟案为群众通过后，由阿里斯托马可交付表决，在卡利阿斯那一年议事会于其议事任期终了之前在萨尔格利翁月①的第十四天解散了；那 400 人则在萨尔格利翁月的第二

① Thargelioon，古希腊十二月名之一。

十一天走马上任，而经抽签选出的议事会应当在斯克罗弗里翁[①]月的第十四天上任。于是寡头制就以这种方式建立起来了，在卡利阿斯执政时，时值僭主制垮台大约100年后，最主要的促成者是佩桑德、安提丰与忒拉美奈，均为出身高贵并且于聪慧与识见方面享有卓异名声之人。然而这种政体产生后，那5 000人仅仅是在名义上选出来了，那400人和10名拥有全权者进驻议事院以统治城邦；他们还派遣使节去斯巴达提议以维持各自现状为条件停战，然而斯巴达人不肯听取其提议，除非是他们肯放弃海上的霸权，这样他们只好作罢。

【33】 400人把持的政体持续了差不多4个月时间，其中穆那西洛可在塞奥波姆波执政的那年执政2个月，后者在其余的10个月里出任执政官。埃勒特里亚海战失利又加上了欧里俄之外整个优卑亚的反叛，人们对于此番不幸比对以往发生的任何不幸都更感悲愤（因为他们此际从欧里俄得到的供给比从阿提卡得到的还要多），他们废黜了那400人，将政务移交给出自拥有武装阶层的那5 000人；他们还投票决定任何官职均不得支取薪饷。最积极地促成此次废黜者是阿里斯托克拉底与忒拉美奈，他们憎恶400人统辖下所发生的事情；因为他们一味独断专行，根本不咨询于那5 000人。在这危难时期，这些人看起来治理得十分出色，尽管战争在延续，

① Skirophorioon，古希腊十二月名之一。

而且政体由拥有武装阶层掌管着。

【34】 平民们很快又解除了这些人手中的政权；在 400 人被废黜后的第六年，在盎格列区的卡利阿斯执政时，阿尔根努沙的海战业已发生，首先，发生了海战胜利所归功于的 10 名将军经一次表决全部被判罪一事，其中的一些根本就没有参与海战，另一些则搭乘别人的舰船逃生去了，（在这件事情上）平民们为那些煽风点火的人蒙骗了；随后，当斯巴达人意欲撤出得克内亚并在各自现存状况的基础上媾和时，尽管有些人极力支持，群众却不予听取，他们被克勒奥丰蒙骗了，此人醉醺醺地穿着胸甲闯入公民大会阻止了媾和，声称若非斯巴达人放弃所有城邦他就绝不准许言和。此时他们未能很好地相机行事，没过多久他们就认识到了自己的错误，因为在次年，在亚历克西奥执政时，他们在爱戈斯波塔米海战中遭受重创，此乃吕桑德成为城邦主宰并以下述方式扶立三十寡头的结果。和平之换得终以依照祖先政制而主政为条件，平民们虽然试图保持平民制，但加入了宗社的显贵之人与和平后归来的那些逃亡者欲求的是寡头制，而那些不属于任何宗社但在其他方面的名声不逊于任何一位公民的显贵之士寻求祖制；此等人中有阿尔钦诺斯、安鲁托斯、克来托丰、弗尔米西奥以及别的许多人，其最主要的首领则是忒拉美奈。吕桑德投靠寡头派后，平民们受到欺骗被迫投票赞成寡头制。阿菲德拿的德拉康蒂德起草了这一提案。

【35】 这 30 人就以此种方式上台了，在普索多罗执政时。成为城邦的主宰者后，他们无视有关政体的种种决议，任命了 500 名议事官及出自预先选定的 1 000 候选人中的其他官员，还为他们自己选用了 10 名比雷埃夫斯的执政官，11 名狱吏，300 名"执鞭"侍从，把城邦控制在自己手中。起先，他们对公民们的态度是谦和的，似乎是在遵照先例行事，他们从战神山去掉了埃菲阿特和阿尔喀斯特拉托关于最高法庭成员的那些法律，以及梭伦的那些引起疑议的法规，还废除了授予陪审法庭的裁决权，声称要匡正政体和清除其疑议之处。例如关于赠与，一个人可以一次性有效地把自己的财产馈赠给他愿赠的任何人，他们取消了"只要并非由于神志失常、年老昏聩或者受妇人诱劝"这类赘加的限制条件，从而不给那些诬告者开方便之门。在其他方面他们也照此行事。一开始时他们做的就是这些事情，惩除诬告者、违心地逢迎平民以取宠而实乃坏蛋和歹徒的那些人；整个城邦为这些举措大感欢悦，觉得他们这样做乃是出于最良好的动机。然而，待到他们更为牢靠地控制了城邦时，没有一位公民能逃脱其监控，他们杀掉那些在财富或出身或名位方面出人头地者，意图除掉心病并攫夺其财富；在短短的一段时间里，他们杀掉的人不少于 1 500 名。

【36】 城邦如此遭受蹂躏，对所发生的一切深感憎恶的

忒拉美奈规劝他们停止这种肆无忌惮的行径，并让最杰出的人共理政事。起先他们表示反对，待到这些陈词在大众中传播开了而大多数人与忒拉美奈十分贴心时，他们害怕他会成为平民的头领从而推翻其专政，便挑选了 3 000 公民作为政权分享者。但是忒拉美奈再次谴责这种做法，第一点理由是尽管意欲与贤能之士共同理政，他们却仅仅与 3 000 人共理，好像德性仅限于这些人众似的，再一点理由是，他们做的是两件截然对立的事情，即一方面凭武力统治，另一方面却使自己弱于受其统治者。他们蔑视这番责难，并且长时间地推迟宣布那 3 000 人的名单，自己密保着经其裁准者的姓名，甚至到了他们觉得可以公之于众的时候他们还勾去一些在册者的姓名，代之以另外一些不在册者的姓名。

【37】 冬天既已来临，斯拉苏布罗连同众流亡者占据了福勒，三十寡头的讨伐铩羽而归，于是他们决定解除其他人的武装并以下述方式清除忒拉美奈。他们将两条新法律提呈议事会，令其表决通过，其中之一是授予三十寡头全权以处死不在那 3 000 人名册之中的任何公民，另一条是禁止所有确实参加了毁坏依提俄内亚卫堡之人或是对建立了此前寡头制的 400 人有过任何敌对行动之人参与现行政体；而忒拉美奈正好参与了以上两种行为，因而结果是这两条法律批准生效的同时他就被排除于政体之外，三十寡头也就有权置其于死地。忒拉美奈被除掉后，他们解除了那 3 000 人以外所有人

的武装，并且在其他事情上变本加厉地朝残酷与卑劣迈进。他们派遣使节到斯巴达去陈数忒拉美奈的劣迹，并恳求其援助自己；斯巴达人听讯后派卡利比奥为统帅，带领一支 700 人的部队来犯并占领了（雅典）卫城。

【38】 此后，从福勒出来的流亡者占领了穆努基亚，战胜了三十寡头一边的抵御力量；在这次冒险出击之后，退回城中的力量于第二天在市场上开会，废黜了三十寡头，选出了 10 位公民作为全权代表以结束战争。可是这些人掌权后非但不在他们由以被选出的方面做任何事情，反而派人去斯巴达请求帮助和借钱。这些行径招致了公民们的怨恨，他们害怕其职权遭到废黜遂而试图恫吓众人（他们做到了这一点），便逮捕了声望不在任何公民之下的德马瑞托并加以处死，从而牢牢地控制了局势；而卡利比奥与正在本邦的伯罗奔尼撒人合力支持他们，此外还有骑士阶层中的一些人；因为公民中的某些骑士最急切地希望来自福勒的那些流亡者不要回来。但占据比雷埃夫斯与穆努基亚的那些人既有全体平民站在其一边，遂于战斗中占了上风；这时人们废黜了早先选出的那 10 人，又选了他们认为是最优秀公民的另外 10 人，在其掌权期间实现了和解及平民之返回城中，这些人积极而热切地出了力。他们中最突出的是派安尼亚的芮隆和阿喀尔都西亚的法雨洛斯；因为在鲍桑尼阿斯到来之前他们就曾身负使命去与比雷埃夫斯里面的人交涉，其到来之后他们又极力

支持返回之事。正是鲍桑尼阿斯，斯巴达的君王，在10位后来从斯巴达来的调停人的协助下带来了彻底的和平与和解，而这些调停人也是应他的敦促而来的。芮隆等人因其对平民表现出的好心而受到赞扬，他们接受使命是在寡头制下，其交差却是在平民制下，但谁也没有对他们提出过什么指责，无论是留在城中的那些人还是从比雷埃夫斯回来的那些人；事实上，芮隆由于这些业绩立即就被选为将军。

【39】 和解发生于欧克内德执政时，遵照下列条件：其时留在城中的雅典人只要愿意迁居皆可迁往厄路西斯，保持其公民资格，拥有自决权，实行自治，享有其自身的财富。神庙属双方共同所有，按照旧规由刻茹刻斯一族与欧摩尔庇德一族来监管。住在厄路西斯的人不得进入本城而从本城出来的人亦不得去到厄路西斯之中，除非是在哪一方有秘教庆典。他们须像其他雅典人一样从其收入中纳税以资公共防御。若是迁离者中有人想在厄路西斯找到住房，人们应帮助其征得房主的同意；如果他们不能相互谈妥，就由双方各自挑选3名估价人，这些人估定的任何价码都必须被接受。厄路西斯的居民中，为这些迁居者所愿意的人可留下与其共住。凡在邦内的愿迁者须于自其宣誓后10日内进行登记，迁出则限于20日内，尚在邦外者于其归来时按相同的限期计起。在厄路西斯定居的人直至其注销登记以重新在本城定居之前不得在本城中担任任何官职。对凶案的审理按旧规而行，若是有人亲手杀死或伤害了他人的话。

对过去的一切既往不咎,适合于除三十寡头、那十人、“十一人”以及比雷埃夫斯的当权者之外的任何人，而且这些人若是呈交了（帐目）待审报告亦可不咎。曾在比雷埃夫斯当权的人向设在比雷埃夫斯的法庭呈交报告，而在城中的那些人向由能够拿得出一定数额财产者组成的法庭呈交报告[①]；如此之后那些愿意[②]这样做的人可以迁出。每一方面各自偿还为战争而借的款项。

【40】 和解以这样一种方式发生后，曾跟随三十寡头参战的那些人甚感惊惧，很多人都寻思着迁出，却把登记向最后的日限挪移——人人通常都会这样做吧；阿尔钦诺斯察觉到其人数之众多，意欲留住他们，便缩短了登记日期，结果很多人被迫不情愿地留下来了，直至其恢复信心。看来这是阿尔钦诺斯的一个颇具政治家气度的举措，还有，此后他指控斯拉苏布罗的那条法令为非法，该法令授予从比雷埃夫斯一同回来的所有人等以公民权,而其中的一些显然是奴隶;第三个这样的举措是，当有人开始煽起对返回者的怨仇时，他将此人押解至议事会，并劝议事会不经审判地将此人杀掉，并说这正是他们表明其是否愿意拯救平民制和恪守其誓言之时；因为放掉此人就会使其他人纷起效尤，而要是杀掉他就会警戒所有人。结果正是如此，因为自从这人死去之后再无

---

① 原文含义不明。

② 洛布本解作“……不愿意……”。

任何人曾尝试破坏大赦，事实上，在对待先前发生的灾祸方面雅典人堪称是一切人种中最为高尚和最具政治家气度的，无论是在私务还是在公共事务中；因为他们不仅将有关先前的种种罪责一笔勾销，而且还从公库中向斯巴达人奉还了三十寡头为战争而借的款项，尽管契约规定分别由城中的一方与比雷埃夫斯的一方各自偿还。他们把这当作开始和好所必需的第一步，而在其他一些城邦里，建立平民制的那些人非但不再从其财库中掏出分文，而且还把土地瓜分一空。他们还于此次迁出后的第三年同在厄路西斯定居的人达成了和解，时值克舍赖奈托斯执政。

【41】 以上事情乃是在后来一些时候发生的，而在此时，平民控制了局势，于普索多罗执政时建立了现行的政体，由于他们通过自身努力得以返回，故尔看来由平民执掌政权是公正的。在次数上这是第十一次更迭。第一次发生的是伊翁及其随从者在雅典一同拓居时开始辟建的制规，因为在那时人们第一次被划分成四个部族并启任了部族主。第二次即此后的第一次包含某种政体成分的改制①发生于忒修斯的时期，它与君主制略有偏异。这之后是德拉科时期的改制，其间第一次颁布了一些法律。第三次是在纷争之后梭伦的时期，平民制由此开始萌生。第四次乃是佩斯特拉托的僭政。第五

① 据后文看伊翁等人建制似乎不在十一次改制之列。

次是僭政坍塌后的克勒斯泰尼的政制，它比梭伦的政制更具平民倾向。第六次是波斯战争后由最高法庭议事会监管的政制。第七次是此后在阿里斯泰德指明之后由埃菲阿特推翻最高法庭议事会而至完成的政制；在此期间发生了城邦由于平民领袖们而在海上霸权方面犯了最大错误之事。第八次是四百人专政的建立，此后的第九次则又是平民制。第十次是那三十人及那十人的暴政。第十一次是在从福勒和比雷埃夫斯回来之后的建制，自那以来一直延续至今，民众的势力不断在增强。平民使自己成为所有事情的主宰，依靠决议和平民在其中作主的陪审法庭管理一切，因为即使是由议事会主持的审判也交到了平民手中。这一点看来做得正确，因为少数人比多数人更容易为财物或势力所败坏。给出席公民大会者津贴的主意起先未获认可，但人们不齐着去参加公民大会，主议官不得不想尽各种办法好让人们前来开会以使决议得以表决通过，最先阿古尔里奥给每人发放了 1 奥布洛斯的津贴，这以后克拉左美奈的赫拉克利德斯——外号“君王”——发放了 2 奥布洛斯，阿古尔里奥再又加到了 3 奥布洛斯。

【42】 现行政体的建构如下。凡是由公民双亲所生者均享有公民权，他们长到 18 岁时在其居住区注册。他们注册的时候，居住区成员宣誓后就其进行表决，首先要明确的是他们是否达到了法定年龄，若是他们被认为尚未达到就须返回小孩的行列，其次是待注册者是否为自由人以及合法地出生；

随后，若是经表决认定其并非自由人，他可以向陪审法庭申诉，居住区成员从他们自己中挑选五人作为控方，假如裁决是他没有注册的正当权利，城邦将把他卖掉，假如他赢得了官司，居住区成员就必须给他注册。此后，由议事会对注册者进行审查，假如有谁被认为小于18岁，将对准许其注册的居住区课以罚款。当青年人通过了审查后，他们的父亲按部族集会，发过誓后挑选三名年龄超过40岁的部族成员——这些人被认为是最优秀和最适合于监管青年的人，平民们再从这些人中通过举手表决从每一部族选出一人作为风纪官，并从其他雅典人中选出一名督查统管所有这些人。在他们的集中掌管下，青年们先是巡访各处神庙，然后去到比雷埃夫斯，其中的一些守卫穆努基亚，另一些守卫阿克帖(尖岬)。人们还为他们选出两位教练及教师，教给他们重装步兵的战法、弓箭与投枪的使用以及石弩的发射。风纪官每人可领取1德拉克马的薪酬，而青年们每人领取4个奥布洛斯，每一位风纪官收取其本部族那些人的薪酬并为所有人一同购买必需品(因为他们按部族在一起共餐)，并照管其他一应事情。他们就这样度过第一个年头；接下来的一年里，将在剧场举行公民大会，他们向平民们演示其军事技能后从城邦获得一面盾和一支矛，然后就巡戍邦土，在各处卫堡中度过时日。他们的戍卫生涯持续两年，一律身着披风，其间免于所有税项；他们不得提起诉讼也不得承受诉讼，以杜绝其离开的借口，除非是有关继承及嗣女的讼案以及可能发生的某一家族祭典。

这两年过去之后，他们就已经可以加入其他公民的行列了。

【43】 关于公民之注册以及关于青年们的情况即如上述。有关常规治理的各类官员均经抽签产生，例外的是军队司库、祭祀钱财监管人和井泉监察官；这些官员经举手表决产生，他们任职于一次祭神庆典至下一次祭神庆典期间。军队方面的所有官员均通过举手表决产生。

五百人议事会采用抽签选举，每一部族出 50 人。主议官由每一部族轮流担任，全凭抽签决定顺序，最先的 4 位每人任职 36 天，以后的 6 位每人任职 35 天，因为是按阴历计算的。他们中现任主议官者先是在圆邸中共同进餐，从城邦领取一份薪金，然后是召集议事会与平民大会；除假日外，议事会天天召开，而平民会议在每一主议官任内召开四次。议事会应当受理哪些事情，哪一天做哪件事情，以及在哪里开会，均得由这些人来预拟。他们还得为公民大会预拟文告，(每一主议官任内）有一次是最重要的，在会上将表决通过官员们之留任——如果他们被认为称职的话，并受理有关谷物供应和邦土防卫的事宜；而且在这一天凡愿意者均可提出举告，被没收充公的财产目录将被宣读，一同宣读的还有事关继承及嗣女的讼状，以期没有人会对正在发生的任何事情有所失察。在第六位主议官任上，除上述事务外增加了关于陶片放逐的事宜，通过表决来确定人们是否盼望一次施行，还有对诬告者的初步指控，无论其为雅典人或侨居的外邦人，每一类至多三件，还有是否有谁没有做到其许诺于平民的事情。另一次大会处理各种请求，在会上凡愿意者均可于放置一根橄榄枝后向平民们讲述他愿意讲述的任何事情，无论是个人私事还是公众事务。另两次大会涉及其他各种事宜，法律规定在会上受理三桩宗教事务，三桩信使及使节事务，三桩世俗事务。有时候不经过预先表决便受理事务。信使及使节首先禀见主议官们，公文也由携带者呈递给这些官员。

【44】 主议官们有一位抽签选出的首席官，此人任职一天一夜，但不可能任职更长时间，而且也不能由同一个人两次担任此职。他保管存放城邦钱财及文件之神庙的钥匙，还有印玺；他必须呆在圆邸里，与由他指定的那三分之一主议官在一起。在主议官们召开议事会或平民会议时，他抽签选出九名主会人，除开现任主议官所属的部族每一部族选一名，从这些人中复又选出一名首席官，并把事程交付于这些人；接手之后他们监督会议的秩序情况，提呈需要受理的事项，查计表决票数，统管其他所有事情并且有权解散会议。一个人不能在一年内多于一次地出任首席官，但是可于每一主议官任内出任一次主会人。

在公民大会上还进行将军、骑兵将官以及其他各种军事官员的选举，依照平民们认定的任一方式；这些选举于第六任主议官后由最前面的一批其任期内有吉兆发生的主议官来主持。不过这些方面的事项需要经过预议。

【45】 在先前，议事会拥有罚款、监禁和处死的决定权。而有一次它把吕西马科斯交给了刽子手，正当他坐待受死时，阿洛柏客区的欧麦利德救下了他，声言任何一位公民都不应该在没有法庭裁决的情况下被处死；于是在法庭中进行了审判，吕西马科斯终得开释，从而得到了“从鼓槌下过来的人”的诨名；于是平民们剥夺了议事会处死、监禁和罚款的权力，并制定了一条法律，即凡是由议事会对任何一位有不正当行为者作出的判罪或罚款，均须由立法者们将这些判决及罚款提呈给陪审法庭，而陪审员们作出的任何裁决都将是终极性的。

对大多数官员的审判由议事会主持，尤其是对那些掌管钱财的官员；但是议事会的判决并非是终极性的，而须服从于陪审法庭。私人也可以出面指控其愿意指控的任何官员不遵守法律的行为，不过在这类情况下若是议事会判定有罪亦可向平民会议申诉。

议事会还对将在翌年担任议事官者以及九位执政官进行考查。先前它曾有权排除不合格者，但如今这些人可以向陪审法庭提出申诉。

故议事会在这些事情上并无决定权；它进行预议再提呈平民会议，而平民会议不得对未经议事会预议并由主议官们写入议程的任何事项进行表决，因为一位提出这样一种提议的人单凭此点就可能被控为非法。

【46】 议事会还监管业已建成的三层桨舰，连同其缆具及棚顶，并建造平民表决决定的任何三层桨舰或四层桨舰，以及与它们配套的缆具及棚顶；平民们投票选出专管这些舰船的监造人。如果他们不向新的一届议事会呈交业已完工的这些舰船就得不到他们的薪饷，因为他们要在下一届议事会任内才能得到。为建造三层桨舰，议事会从自身成员中选出 10 人为造舰官。议事会还察理一切公众建筑物，如果在它看来某人有欺诈行为，就将此人揭发给平民会议，而若是判定有罪就移交给陪审法庭。

【47】 议事会还与其他各类官员共管大多数事务。首先，有 10 名雅典娜司库，经抽签从每一部族选出一名，依照梭伦的那条法律（此条法律至今仍然在生效）出自 500 麦第姆诺阶层，不过中签者即便是非常贫穷也可上任。他们掌管雅典娜神像，诸英雄竖像和其他装饰物，还在议事会面前掌管钱财。

然后是 10 名主卖官，从每一部族抽签选出一名。他们租让所有的公共契据，与军队司库和掌领祭祀的官员一道当着议事会的面出卖矿藏及赋税，批准为议事会表决所定之人的购买，以及卖出的矿藏和卖出 3 年的矿坑以及卖出〔 〕[①] 年

① 为“10”或“3”。

的特许地界。他们还当着议事会的面卖出为最高法庭流放者以及另外一些人的财产，不过须经 9 位执政官定夺。他们还拟定并向议事会提交登到涂白了的写字板上的卖出一年的赋税的清单，注明了购买者的名姓及其出价。他们于 10 块写字板上分别拟定应当在每一位主议官任内偿付者的名单，将那些一年须偿付三次者分列出来，另在一块写字板上一一注明各次交付的日期，还单独列出当于第九位主议官任内偿付者的名单。他们还拟定在法庭中被注销和卖掉的田地和房舍的清单，因为这些买卖也由他们主管。购买房舍必须在 5 年内付清价款，购买田地则限在 10 年内；这些交付定在第九位主议官任内。执政王呈报领地的出租，记录在涂白了的写字板上。这些亦租 10 年，租金于第九位主议官任内交付；因此在这位主议官任内将敛聚极其大量的钱财。他们把按各次交付登录的那些写字板交给议事会，由文书官保管；每当款项交付，他便从格架上取下其上注明应于这一天交付款项的这些写字板并擦去记录再递给收钱人，但是另外的写字板却分开保存着，以免为人提前擦了去。

【48】 有 10 名分由各个部族抽签选出的收钱人；这些人掌管那些写字板并当着议事会的面在议事院中擦去付过的款项，再将写字板交回文书官；凡是拖欠交付的人在上面都有记录，他必须双倍地偿付其欠额或者去蹲监；依照法律有权课以这类罚款和判处监禁的是议事会。故在头一天他们收

取交付来的各种款项并分拨给各类官员，在接下来的一天他们呈报写在标牌上的分款方案，在议事院中加以宣读，并在议事会里询问是否有人——无论是官员还是私人——知道在分款方面有着某种不正当之处，若是有人认为有着某种不正当就要进行表决以裁定。

议事会还从自身成员中抽签选出10名稽核人，他们按每一主议官任期核计各类官员的帐目。他们还抽签选出审查官，每一部族选一名，并为每一名审查官配备两位助手，他们必须在集市时间按各部族由以命名的英雄分别（去各部族）坐值，假如有人愿意对那些在陪审法庭提交过（帐目）待审报告的官员在自他提交（帐目）待审报告算起的三日之内提出某种控告，无论是私人性质还是公众性质，他可以在一块涂白了的写字板上记下自己的姓名及被告人的姓名，和他所声称的何种不正当行为，并加写上他觉得恰当的一笔罚款数，再把它递给审查官。后者拿去这板阅读后，若是断定控告属实便把私人性质的控案移交给为这一部族呈报案例的当地陪审法官，公众性质的控案则为立法官们登记立案。而立法官们若是接手了就把所涉官员的（帐目）待审报告重新提呈陪审法庭，陪审员们无论作出何种判决那都将是终极性的。

【49】 议事会还考查城邦的马匹；假如一个人拥有骏马却被发现在胡乱喂养，它将罚其以谷物的价钱，对于那些不能够跟上队列或者不肯保持步伐而是逡巡不前的马匹，它在

其颌上安上一标环，而受此处理的马匹意味着未能通过考查。它还考查在它看来适合于担任探马的那些人，它经过表决否定了谁，谁就被逐出这一行列。它还考查同骑兵一道作战的步兵，经表决否决了谁谁就停止领取薪饷。骑兵的名簿由造簿人拟制，他们是由平民举手表决选出的10人；他们把拟制完毕的名簿呈交给骑兵将官和部族长官，这些将官拿到名簿后将它提交给议事会，并在那里打开录有骑兵姓名的字板，除去那些先前虽已录入但立誓因身体原因不能够担任骑兵者的名字，召集那些登入名簿者，若是有人立誓声称因身体或钱财方面的原因不能够担任骑兵，他们就准其脱离，至于那些未立誓者，须经议事会成员投票决定其是否适合于作骑兵；若是投票肯定，便将其登入名簿，若是否定，就准其脱离。

曾经是由议事会来决定（雅典娜的）披风的样式，如今则是由抽签选出的陪审员们来决定；因为议事会被认为在作决定时表现出了偏好。议事会与军队司库一同监管胜利雕像的建竖和祭神庆典的奖品。

议事会还查管那些缺乏能力者；有一条法律规定凡是拥有不足3米那的人和身体残疾因而没有能力从事任何劳作的人均由议事会查管，从公库中给他们每人每天发放2个奥布洛斯的膳食费。为他们设有一名经抽签选出的司库。

确切地说，议事会还兼管其他各类官员辖内的大多数事务。

【50】 由议事会主管的事务就有以上这些。人们还抽签选出10人作为神庙修缮人，他们从收钱人那里支取30米那以修缮那些最需修缮的神庙。还有10名城市法监，其中5名在比雷埃夫斯任职，另5名在城内任职；他们监督女笛手、女竖琴手和女七弦琴手，不让她们收取2德拉克马以上的酬金，如果有几个人急于雇用同一名女子，他们就为其抽签，将她雇给中签者。他们还监管清理污秽者，不让其在离墙10斯塔得以内撒下任何秽物；禁止修建房屋时侵占街道，或横越街道修建骑楼，或安装高悬的管道向街内排泄，或将门窗开至街道中。他们搬走街道上的死尸，有公奴候其遣用。

【51】 人们还抽签选出10名市场法监，5名到比雷埃夫斯，5名到城中。按照法律规定一切在市场上卖的东西均归这些人监管，以使所卖之物纯净而无掺假。

人们还抽签选出10名量衡法监，5名到城中，5名到比雷埃夫斯；他们监管一切度量及重量，以使商贩使用公平的量衡。

曾经还有抽签选出的10名谷物护持，5名到比雷埃夫斯，5名到城中，但如今在城中有20名，在比雷埃夫斯有15名。他们首先要监管的是市场上未磨过的谷物以公平的价钱出售，其次是磨坊主以与大麦相称的价格出售大麦粉，面包师以与面粉相称的价格出售面包，并且重量要达到他们所指定的标准，因为法律规定由他们来指定重量。

人们抽签选出 10 位商埠监管，这些人的职责是监管商埠，迫使商人们把从海上运抵谷埠的谷物中的三分之二运送入城市。

【52】 人们还启用 11 名抽签选出的官吏，由他们监管监狱中的犯人，并处死抓到的小偷、绑匪、劫盗中所有供认不讳者，若是他们矢口否认便将其送交陪审法庭，假如被判无罪就释放之，如若不然这时再予以处死；再者，把宣布充公的田地与房舍的名单提呈陪审法庭并把法庭决定没收的各项移交给主卖官；再者，呈报各种举告——因为这些举告也由 11 人来呈报，不过立法官们也呈报某些举告。

人们还抽签选出 5 名呈案人，他们呈报须在一个月内审理的讼案，每人负责两个部族。一个月内审理的讼案包括：某一方未付当付的妆奁案，或某一方拒不偿付利息为 1 德拉克马（12%）的借款案，或某一方想要在市场上做生意从另一方借去了本金案；此外还有人身伤害、社团合伙人、奴隶、驮重动物、三层桨舰舰长或钱庄等案。这些人将这些作为须在一个月内审理的案子呈报法庭，而收钱人负责呈报针对佃农或由佃农提起的案子，他们对在 10 个德拉克马以内的案子有裁决权，此外的案子则要作为须在一个月内审理的案子呈报陪审法庭。

【53】 人们还抽签选出 40 人，每一部族出 4 人，各类

讼案均呈传至这些人面前；早先曾为 30 人，巡行于各个居住区审案，而经那 30 人的寡头制后他们的人数增加到了 40。他们对裁决 10 德拉克马以内的案子拥有全权，超过这一数额的案子则须移交给仲裁人。后者接手后，假如不能够促成和解就进行裁断，假如双方都对其裁断感到满足并愿服从，诉讼即告终止。但若其中某一方向陪审法庭申诉，他们就把证词、讼辩和有关的法律置入瓶中，控方的与辩方的分别置入一瓶，并把这两只瓶密封起来，在它们上面附上写在写字板上的仲裁人的裁断，再把它们移交给为被告者部族呈案的四名法官。这些人接手后再将其呈报陪审法庭，在 1 000 德拉克马以内的讼案呈入有 201 名陪审员的法庭，超过 1 000 德拉克马的讼案呈入有 401 名陪审员的法庭。除了经仲裁人引用并被封入瓶内的那些外，不得另行出具任何法律、讼辩及证词。

仲裁人是一些年届 60 之人，这一点从关于执政官及命名英雄的规章中即可明白；因为借以给各部族命名的英雄有 10 位，给服役年龄[①]命名的有 42 位；青年们注册时先要登记在涂白了的写字板上，在上面还注有他们于其任内注册的（首席）执政官[②]的姓名以及在前一年所命名的英雄，但如今他们的名字颁写在一根铜柱上，这铜柱竖立在议事院前诸命名英雄的旁边。那 40 人取命名英雄中最末一位并在正当此年的

① 18—59 岁。

② 9 位执政官中的首席执政官，以其姓名为当年命名。

人中分派仲裁案，抽签确定每个人仲裁哪些案子；每个人都必须完成对抽签指派给他的案子的仲裁，因为法律规定凡是达到特定年龄而不出任仲裁人者将被褫夺公民权，除非在这一年里他正好担任某一官职或者身在邦外；唯有这些人才可以得免。若是有人受到某一仲裁人的不公正对待，他可以向众位仲裁人申诉，法律规定如果这位仲裁人被判定有罪就将被褫夺公民权；不过这些人也可以提出申诉。命名英雄还被用来指称各项征战；当达到一定年龄的士兵被派去出征时，将张贴文告写明他们应当在从某某执政官及命名英雄至某某某执政官及命名英雄的期间随军征战。

【54】 人们还抽签选出下列一些官员：5 名道路修筑人，有公奴出力干活的这些人负责维修道路；10 名稽核人及他们的 10 名助手，所有行将离任的官员都必须向这些人呈交帐目报告。因为这些人是唯一稽核那些待审查者的帐目并把审查提呈陪审法庭的官员。如果他们查出某一官员侵吞公款，陪审员们就判其侵吞公款罪，他必须偿付十倍于他所侵吞数目的罚金；如果他们查明某一官员接受贿赂并经陪审员们判罪，他们就对贿赂进行估价，以课以十倍于那一数目的罚金；若是认定某一官员有不公正行为，他们就对这种不公正行为进行估价，仅仅不加倍地罚以那一数目，条件是在第九任执政官之前偿付，否则罚金就要加倍；但是十倍数目的罚金就不作加倍。

人们还抽签选出所谓的主议官文书，此人专管各种文件，保管投票通过的各项决议，以及核查其他一切文件的抄本并列席议事会会议。先前这一官员经举手表决产生、当选者通常是最有名望和最可信赖之人，因为这一官员的名字题在柱上，附在盟约、领事任命及公民资格等项记录上面；如今则是通过抽签产生。人们还抽签选出另外一名监管法律文本的文书官，此人列席议事会会议，并且也核查这方面的一切抄本。平民会议还举手表决选出一位文书官向会议以及议事会宣读文件，除了宣读之外他再无任何职权。

平民会议还抽签选出10名祭祀主持，被称为献祭监事，他们奉献由神谕指定的祭物，并与预言者一道在需要某种吉兆的场合寻察吉兆。会上还抽签选出另外10名被称为年祭主持的官员，他们主持某一些献祭并主管除祭神庆典外的全部四年一度的节日。四年一度的节日之一是赴德洛斯节（那里还有一个六年一度的节日），第二是勃劳荣尼亚节，第三是赫拉克勒亚节，第四是厄路西尼亚节，第五是祭神庆典，它不与以上任何一个节日在同一年度举行。如今又增添了赫弗艾斯蒂亚节，增于刻菲索丰执政时。

会上还抽签选出一名赴萨拉米的执政官和赴比雷埃夫斯的提督，他们各自在这两个地方举办狄奥尼索斯节并委任歌咏队领班（捐资人）；在萨拉米，执政官的名字还将张榜公告。

【55】 这些官员均通过抽签选出并对上述所有事务拥有

决定权。至于人们所称的9位执政官，其一开始时的委任方式前已述及；但如今人们抽签选举6名立法官及其文书，此外还有（首席）执政官、君王及督战官，轮流从每一部族选出。这些人首先要在五百人议事会中受到考查，文书则除外，此人仅须在陪审法庭中受到考查，就像其他各类官员一样(因为所有官员无论抽签还是举手表决选出均要经过考查才能上任)，而9位执政官先在议事会中复又在陪审法庭中受到考查。先前经议事会考查不合格者不能上任，但如今可以向陪审法庭申诉，而此处于资格考查方面拥有最终裁决权。考查时提出的第一个问题是："谁是你的父亲，他属于哪个居住区，谁是你父亲的父亲，谁是你的母亲，她的父亲是谁，属于哪个居住区?"这之后要问他是否有一祖供的阿波罗及家供的宙斯，这些神龛在什么地方；随后是他是否有祖坟以及它们在何处；然后是他对待双亲是否恭敬，他是否交纳赋税，以及他是否服了兵役。问过这些后考查人便道："叫为这些作证的证人来。"证人既已出具证明后，考查人接着问道："有人愿意控告此人吗?"假如有人出来控告，他就给时间让作控告及辩护。如此再交由议事会举手表决或交陪审法庭投票决定；而要是没有人愿意提出控告，他就立即交付投票决定；先前是由一个人来投票(珠)，如今所有人都必须就这些人进行投票，以防某个恶人设法摆脱了其控告者，那就得靠陪审员们来否决这种人的资格。以这种方式通过考查后，他们要走近其上置有切开的牺牲的那块石头（仲裁人宣布其裁决前以及证人们否认其可以提供任何证词时也要在上面发誓），踏上这块石头后他们发誓要公正并遵照法律担任官职，并且不借职权收取礼物，倘若收了某种礼物便将奉竖一尊金像。发誓之后他们从此处去到卫城，在那里再发同样的誓，这之后他们就可以走马上任了。

【56】 执政官、君王和督战官可以按其意愿每人挑选两名助理，这些人就任之前要在陪审法庭中经过考查，当他们任期结束时要呈交待审报告。

执政官一经上任，首先要宣告在他上任之前凡为一个人拥有的东西直至其任期终了仍皆归其拥有及支配。接着他要为悲剧委任 3 名歌咏队领班，选自所有雅典人中最富有的人；先前他还要为喜剧委任 5 名领班，但如今由各部族来提供这些人。然后他接纳由各部族为男子及儿童在狄奥尼西亚节上的竞赛与为喜剧和为男子及儿童在萨尔格利亚节上指定的歌咏队领班(这些领班为：在狄奥尼西亚节上每一部族有一名，在萨尔格利亚节上两个部族有一名，由每一部族轮流提供)；他还处理这些人之交换财产（以作替换）事宜，并呈报这样一些借口：假如某人先前已经作过这种服务，或者某人已经作过另外一种服务并且其豁免期尚未结束所以正当豁免，或者他没有达到那一年龄（因为少年们的歌咏队领班应当超过 40 岁）。他还为赴德洛斯节委任数位歌咏队领班及一位督押运送青年们的 30 桨舸的官员。他还监管游行，既包括为庆颂阿斯克累匹奥而举行的游行——在入教者们守屋时，又包括与监管人一同监管的在大狄奥尼索斯节上的游行。这些监管人有 10 名，先前是在平民会议上经举手表决选出，他们从自己腰包中掏钱支付游行的花销，如今则经抽签选出，每个部族选一人，拿出 100 米那以供装备；他还监管萨尔格利亚节的游行，以及庆颂救世主宙斯的游行。他还主管狄奥尼西亚节和萨尔格利亚节的竞赛。他监管的节庆就有以上这些。状告及诉讼均须呈传到他面前，经过初步审理后他再将其提交陪审法庭，这些案件例如：虐待双亲（凡愿意者均可提出这类指控而无招致刑罚之虞），虐待嗣女（这一类针对的是其监护人以及与其住在一起的亲戚），侵害孤儿的家产（这一类针对的仍是其监护人），神志失常——假如有人指责某人于神志失常时毁坏其自己的财物，选派财产清算人——假如一个人不愿意与人共同掌理财产；监护人的委任，有关某一监护权的争端，对财物或契据所有权的澄清，把自己登记为监护人，有关遗产及嗣女的诉讼。他还监管孤儿、嗣女以及在其丈夫死后声言自己已经怀上孕的那些妇女，而且他拥有对冒犯者施加罚款或者将其呈送陪审法庭的决定权。他出租孤儿及嗣女的房舍直至其年满 14 岁为止，并收取租金，还为小孩们向倘若没有给予其供给的监护人索要供给。

执政官监管的事务就是以上这些。

【57】 君王监管的事务首先是宗教秘典，有平民们经举

手表决选出的监管人相协助，两名选自全体雅典人，一名选自欧摩尔庇德一族，一名选自刻茹刻斯一族。其次是累赖翁[1]的狄奥尼西亚节；这一节庆包括一次游行和一次竞赛。游行由君王与诸名监管人共同引导，竞赛则由君王一人置办。他还主办所有的火炬赛跑，而且可以说他主管一切祖先祭祀。对渎神罪的判决以及可能发生的有关某一祭祀职位的讼争均要呈传到他面前。他还裁断宗族及祭祀方面由特权地位而引发的一切讼争。所有有关凶杀的讼案也须呈传到他面前，将谁摒除在传统仪典之外也要由他来宣布。出于预谋的杀人案件的凶手及伤害案件将在战神山（最高法庭）受到审理，还有投毒致死案、纵火案；因为这些案件仅由该议事会审理，而并非有意的杀人与蓄谋杀人，杀死家奴、侨居者及外邦人等案则由设在巴拉第昂的法庭来审理；倘若一个人承认杀了人，却声称属于合法行为，例如杀掉了当场捉住的通奸者，或者在战场上无意间误杀了自己人，或者在竞技比赛中不知不觉地杀了人，这些案件由设在德尔斐尼昂的法庭审理。如果一个人为一件可以谅解的凶杀正遭放逐时又身陷某桩凶杀或伤害的指控，他就须在弗里阿托受审，在停泊于近岸处的一条船上替自己辩护。由抽签选出的特别法庭成员——不含在战神山任职者——对以上这些案件进行审理，呈案人为君王，而审理在圣地内露天里进行，君王在审案时要除下其冠冕。被

① Lenaioon，古希腊十二月名之一的伊奥尼亚旧称。

告人在其他时间里被摒除于圣地以外并且有法律禁止其踏入市场，然而此时他却可以走入圣地进行辩护。当不知犯案者为何人时，就设定对“作案人”的审判程序，由君王与诸位部族首领来审理，这也包括以无生命事物及各种动物为被告的凶案。

【58】 督战官承办为女猎神阿尔特密斯和恩努阿利奥的献祭，并安排为那些在战争中遇难者举行的葬礼，还操办给哈尔摩狄俄斯和阿里斯托革同的祭礼。只有私人的讼案才呈报至他这里，如涉及侨居者、有特权的侨居者和外邦代理人的讼案；他还应当接受各种案件并把它们分成十个部分，给每一部族抽签指派一部分，再由为本部族呈报讼案的陪审法官们递交给仲裁人。他本人则呈报关涉侨居者的讼案，既包括脱离其保护人案，也包括未具保护人案，还有他们的继承及嗣女案；再者，于公民方面凡是由执政官呈报的讼案，于侨居者方面均由督战官来呈报。

【59】 立法官们的职权首先在于预拟陪审法庭应开庭的日期，然后是给法庭遣派官员；因为这些人将遵照他们所作的遣派行事。此外，他们向平民会议呈报各种起诉，提呈所有免除官职的表决、在大会上对官员的弹劾、对非法提案的指控、对制订不适当法律的非难、对（公民大会）主会人或首席官的指责以及对将军们的审查。他们还受理要收缴费用

的那些控案，这些控案涉及外邦人身分、借贿赂消除外邦人身分（假如一个人送礼以消除其外邦人身分）、诬告、贿赂、假记公债、对一次传召的虚假认证、密谋、逃避登记以及通奸等。他们还提呈对一切官员的考查，以及由居住区经表决作出的某项否决或由议事会作出的判罚。他们还呈报各种私人讼案，关涉商务、矿产以及奴隶——假如他对自由人加以诽谤的话。他们还抽签将众位官员分派至各个法庭，无论是专审私案还是专审公案者。他们批准与诸城邦的契约，呈报由这些契约引出的讼案，还有出于最高法庭的伪证案。

由全部 9 位执政官再加上立法官的文书共 10 人抽签选出陪审员，每人选他自己部族的人。

【60】 关于 9 位执政官的职责即如上述。人们还抽签选出 10 人作为主赛人，每一部族 1 人。这些人通过考查后任职 4 年，主管祭神庆典的游行，音乐比赛、体育比赛及赛马，监做女神罩服并与议事会一道监造奖壶，并把橄榄油分给竞赛者们，这些橄榄油采集自圣树，由执政官从其中种着这些圣树的农场拥有者那里征收来，每一棵树征收量是 3 个赫米科图莱。先前由城邦主卖这些果实，任何掘起或砍倒一株圣橄榄树的人将由战神山议事会来审判，若经判罪就会处以极刑。但是鉴于农场拥有者一直在缴纳着橄榄油，这条法律虽说还存在着，判决却名存实亡了；城邦根据地产征收橄榄油，而不再按照树的棵数。所以执政官征集他那一年生产的橄榄油，

再移交给司库们存放入卫城中；他若是未能向司库们交足数量便不得进入战神山(就座)。这些司库在其他时间里一直将油保管在卫城里，待到祭神庆典上才向众位主赛人按量分发，主赛人再颁发给竞赛中的获胜者。因为给音乐比赛获胜者的奖品是银币与金器，给雄健比赛获胜者的奖品是盾牌，而给体育竞赛及赛马之获胜者的奖品是橄榄油。

【61】 人们还通过举手表决选出所有军事官员；首先是10名将军，以前是从每一部族选1名，如今则选自全体公民，并且人们通过表决给这些人分派职责：一名分去掌管重装步兵，此人在出征时率领重装步兵；一名分去掌管疆土，此人负责防卫并在疆土内发生战争时投入战斗；两名分去比雷埃夫斯，其中一人去到穆努基亚另一人去到尖岬，他们掌管比雷埃夫斯的防务；一名分管“苏姆摩里亚”[①]，此人拟造三层桨舰舰长的名册，为他们主持交换财产事宜，提呈解决其间纷争的方案；其余几名则被指定来应付临时发生的事端。在每一位执政官任期内都要对他们进行信任表决，断定其履行职责情况是否良好；如果某人为这种表决所否定，他将在陪审法庭中受到审判，而要是被判了罪，人们将权衡他应当蒙受何种刑罚或罚款，然而要是无罪开释，他将官复原职。在

① summoria，义为“联合组”，由1 200名最富有的雅典公民分成20个summoria缴付财产税（eisphora）以供战时急需，后来负责三层桨舰舰长的解职。

统领军队时，他们有权对不驯服者处以监禁，或者开除，或课以罚款；不过罚款是不常见的。

人们还经举手表决选出 10 名团队长官，每一部族选 1 名，他统领本部族的人并任命百夫长（连队长官）。

人们还经举手表决从全体公民中选出 2 名骑兵将官，由他们来统领骑兵，每个人分管 5 个部族；他们的权力恰如将军们对于重装步兵的权力。对这些将官也要举行信任表决。

人们还经举手表决选出 10 名部族长官，每一部族选 1 人，他们就像团队长官统领重装步兵那样统领骑兵。

人们还经举手表决选出 1 名赴莱姆诺斯的骑兵将官，此人管辖在莱姆诺斯的骑兵。

人们还经举手表决选出 1 名帕拉洛斯舰上的司库，如今还选一名由阿蒙管辖的那条舰上的司库。

【62】 经抽签选出的官员中，在先前有一些曾经是与 9 位执政官一道从整个部族中抽签选出，而另一些即如今在忒修斯神庙抽签选出的那些官员曾划归各居住区主选；随着各居住区开始出售官职,后一些官员也从整个部族抽签选出了，议事官与守卫除外，这一些仍然交付于各居住区。

领取酬金的公务有下列一些：首先，平民因其他各种公民大会领取 1 个德拉克马,而因最高会议领取 9 个奥布洛斯；其次，陪审法庭的成员领半个德拉克马；其后，议事会成员领 5 个奥布洛斯。担任主议官的那些人额外领取 1 个奥布洛斯膳食费。还有，9 位执政官每人领取 4 个奥布洛斯的膳食费，并要供养一名信使和一名笛师；再就是赴萨拉米的执政官每天领 1 个德拉克马。主赛人在希加托姆拜翁月举行祭神庆典时在主议院里用膳，从当月上旬的第四天开始。赴德洛斯的盟邦会议代表每天从德洛斯领取 1 个德拉克马。凡是派往萨莫斯、斯居罗斯、莱姆诺斯或扬布罗斯的官员均可领得一份膳金。

军事方面的官职可以多次连任，但是其他诸种官职中无一如此，例外的是一个人可以两次担任议事官。

【63】 9 位执政官按（各自的）部族抽签选出陪审法庭成员，而立法官们的文书则选自第十个部族。进入法庭的入口有 10 个，给每一部族 1 个；供抽签用的房间有 20 个，给每一部族 2 个；小箱有 100 只，给每一部族 10 只，还有另外一些箱子供中签担任陪审员者投票使用，以及 2 只瓶。每一入口旁边均置放着标杖，与陪审员的数目正好相等，一只瓶内放入了与标杖数目相等的橡实，各个橡实上挨次刻有从第十一个字母即 Λ 开始的一个字母，正好同于陪审法庭满员时所要求的数目。出任陪审员者是年龄超过了 30 岁的人中那些不欠公库的债务并且未被剥夺公民权利的人。假如某位不合格者出任了陪审员，他将会受到揭发并被呈交陪审法庭，若经判罪陪审员将为他量定何种惩罚或罚款看来是他应得的；假如他被处以罚款，在他一并付清他由以受到揭发的前债款

和由陪审法庭给他课定的任何一笔附加罚款之前他必须受到监禁。每一位陪审员都有一张黄扬木制做的名票，其上题有他本人的名字与其父名及居住区名，以及直至 K 之前的一个字母；因为陪审员们依照部族分为 10 个部分，近似地等于每一个字母一个部分。

一旦立法官经抽签确定了应当按哪些字母来给各个陪审法庭派置人员，侍应人立即将它们拿去把抽签指定的那一字母贴置在每个法庭上。

【64】 10 只小箱子置放在给每一部族使用的各个入口。在它们上面分别题有直至 K 为止的各个字母，陪审员们把他们的名票投入其上题着与题在自身名票上的字母相同的那一字母的箱子后，侍应人将它们摇匀，再由立法官从每只箱中抽出一张名票；此（侍应）人被称为贴票人，他把从票箱中拿出的名票贴到其上所覆字母与小箱上相同的那条横木上。此人经抽签选出，以免一直是同一个人在贴票从而会借机舞弊。在每一供抽签用的房间里有五条横木。当掷入骰子之后，执政官按各个抽签房间为各部族抽签（挑选陪审员）。骰子是铜制的，呈黑色或白色。需要抽签指派多少名陪审员，就掷入多少颗白色的骰子，每一颗与 5 张名票相当；黑色的骰子也依照这一方式。当他抽出骰子后，报信人就呼唱中选者的名字。贴票人也包括在这一数目中。中签者听见后从瓶中摸出一只橡实，将其所题字母朝上托着，首先出示给主事的执

政官；执政官看过之后，他将这人的名票投入其上所题字母与橡实上相同的箱子，以使其走入经抽签指定的某某法庭而不是走入他盼望去的某某法庭，从而防止了为任何人所盼望的陪审员集中到某一法庭。执政官旁边置有与将被填充入选的法庭数目相等的一些小箱，挨次带有与经抽签确定给各个法庭的字母相同的字母。

【65】 （中签的）这人复又向侍应人显示其橡实后便走入隔栏里面。侍应人给他一根标杖，与其上所带字母和橡实上相同的那一法庭颜色相同，以迫使他走入经抽签为他指定的那一法庭；因为假如他走入另一法庭，就将为其标杖的颜色所暴露；原因是每一法庭入口的门楣上都涂着一种颜色。他接过标杖后走入与其标杖颜色相同并且与其橡实上字母相同的法庭。俟走入后，他从抽签指定专司此职的人那里领得一个凭证。随后，以这种方式走入法庭的陪审员带着他们的橡实与标杖在法庭就座。至于那些未中签者，贴票人将把其名票交还他们。来自每个部族的侍应人给每一法庭递送一只小箱，其中有各部族在每一法庭内的那些成员的名字。他们把它们移交给经抽签指定来把名票按数归还给每一法庭内的陪审员的那些人，以便据此进行察核并给他们发放酬金。

【66】 当所有法庭都满员后，在第一个法庭内将放置两个签箱和一些其上涂有陪审法庭颜色的铜骰子，还有另外一

些其上题有主事官员名字的骰子。两名中签的立法官分别把每一种骰子掷入签箱，一者把带颜色的一种掷入一个签箱，另一者把题有官员名字的一种投入另一个签箱。官员中谁首先中签，其名字就会被报信人高声宣布，传其使用第一个抽签确定的陪审法庭……①

【67】 ……（一个铜制凭据）带有“3”字（因为他交出它时可以领得 3 个奥布洛斯），这是为了让所有人都投票；因为任何人要是不投票就无法得到一个凭证。在法庭内置有两只罐，一只为铜质一只为木质，放在显眼的位置以免有人偷偷地往里面投票；陪审员们向这两只罐里投入票珠，铜的一只接纳有效票珠，木的一只接纳无效票珠，铜罐带有穿了孔的一只盖，这孔刚好可供一颗票珠通过，以防同一个人会（一次）投入两颗。当陪审员们即将投票判决时，报信人首先要高声询问诉讼当事人是否会对证人们的证词提出抗辩；因为一旦投票开始就不允许对此作抗辩了。然后他又宣布：“有孔的票珠为头一位发言者（原控方），实心的为后一位发言者（辩护方）”。于是陪审员们从案架中取出票珠，压着票珠的根部不让争讼者瞧见究竟是有孔还是实心，把有效的一颗投入铜罐，无效的则投入木罐。

① 据洛布本略去此间章节。

【68】 所有的陪审员投票完毕后，侍应人搬走盛着有效票珠的那只罐并将其倾倒在一块带有与票珠数目相等的洞孔的计数板上，以便醒目地摆放和容易地查数这些票珠，无论带孔还是实心诉讼当事人都一目了然。经抽签选出查数选票的那些人在这块板上清数它们，实心的单独在一起，穿了孔的单独在一起。报信人唱报票数，穿了孔的为原控一方，实心的为辩护一方；哪一方得到多数，该方就胜诉；如果票数相等，辩护的一方就成为胜方。随后再对损失进行估价——假若需要估价的话，他们又以同一方式进行投票，交出其凭证后再次领得一根标杖；关于估价每一方可在半库斯水的时间里发言。及至他们根据法律完成了陪审程序，他们在其各自由抽签指定的那一部分中领取薪酬……

残篇

李秋零
苗力田 译

* 据 W. D. Ross：Aristotelis Fragmenta Selecta (1955)希腊及拉丁本文。

译　者　前　言

这一所谓的残篇，实际上是名实难副的，把它放在《全集》之末，本是作为已收入标准本内的亚里士多德现存著作的补充。这里所能选的段落大都并非亚里士多德著作本文的直接摘引，而不过是一些观点和论证的复述，有一些段落中所提到的书，很难证明确系出于亚里士多德之手。有的段落显然不过是现在尚存著作的松散提示，并不是什么亚里士多德已失散著作的严密注释。有的段落甚至与亚里士多德的观点和论证全然无关，只不过是一些广为流传的掌故而已。这类片段我们仍译存少许，知道一点掌故，如荷马名字来源之属也是有益的。因为，哲学史既是哲学也是历史。作为历史，Historia 一词原本就是讲掌故，说故事。没有点掌故就不成为史，不知点掌故也就难称为知史。

全篇以第欧根尼·拉尔修的《亚里士多德著作目录》（简称《书目》）为开端，共辑译了四个部分。《书目》共收录书名计 150 种，接着是一些包括西塞罗在内的古代作家，关于亚里士多德的文体和文风以及其他有关方面的描述，这些段落向我们传达了那大量的已失著作写作方面的消息。当然构成全篇主体的是28种已散失著作的残篇。这些残篇，在此既不究其文体，也不问其内容，而是按有关著作在《书目》中出现的先后顺序依次排列。因为，如上所述，对亚里士多德已散失的著作，我们既难得本文，又未见全貌，想在它们的文体和内容上作出个最后判决，就是件很为难的事情了。同时，既然第欧根尼·拉尔修的汇编迄今仍被认定，在时间上是最古老的，在内容上是最完备的，那么按照这一《书目》进行这样的排列，恐怕也不失为顺理成章的办法。当然，作这样的安排，决不意味着想终结在这些问题上的有关探索，更不是贬低半个多世纪来许多专门家们为此所尽的辛劳及对推进学术的贡献。事实上，既然有着 aporia 存在，探索就不会终止。探索是智慧的生命，是思辨的本原，思想的光芒就辉耀在不竭的探索之中。探索，本不在于做出什么最后结论，发现某种永恒真理。果然这样，智慧事业也就消亡了。或者说，它不过是种智力的体操，思维的锻炼，让人这一理性存在想得更广些，更深些，更远些。在这里 ouden mateen，没有任何辛劳是枉然的，是无益的。

最后入选的是，亚里士多德已散失诗歌的三个片段，并从经巴恩斯（J. Barnes）修订的《亚里士多德全集》牛津英文版(1985)借用了实际不过是书信内容转述的书信若干，而以哲人的并无哲学内涵而充满厚谊深情的遗嘱，作为全篇的终结。当前选用亚里士多德残篇，主要以1886年出版于德国莱比锡、瓦林廷·洛塞所编的《亚里士多德残篇》一书(Valentin Rose：Aristotelis Fragmenta)为来源。这书虽然于1967年再版,但为避“言必称希腊”之讥,已告别希腊哲学和亚里士多德十有数载，错过了与新材料接触的机缘。至如今旧话重提，仓卒着手，只能就便以W. D. 罗斯的选本(1955)应急，对其重复及冗繁之处略加删节。编选时曾与全集英文修订本中巴恩斯有关新选两相参照，觉得似乎也大要略备矣。

1995年10月

目　录

14. 论门第

15. 论享乐

16. 亚历山大篇或论殖民

17. 论王政

18. 论教育

19. 论至善

20. 论相反

21. 备忘录

22. 划分篇

23. 论问题

24. 论理念

25. 论阿尔库塔斯哲学

26. 论毕达戈拉斯派

27. 论德谟克里特

28. 范畴篇

四、其他

1. 诗歌

2. 书信

3. 遗嘱

一、书 目

【第欧根尼·拉尔修 5.22—27】

他（亚里士多德）写下了大量的书，为了展示人在所有理论方面的优先，我加以抄录，并罗列如下：

1. 论公正 4卷
2. 论诗人 3卷
3. 论哲学 3卷
4. 政治家篇 4卷
5. 论修辞或格吕洛斯篇 1卷
6. 耐林托斯篇 1卷
7. 智者篇 1卷
8. 美内克索斯篇 1卷
9. 情爱篇 1卷
10. 会饮篇 1卷
11. 论财富 1卷
12. 劝勉篇 1卷
13. 论灵魂 1卷

14. 论祈祷 1卷
15. 论门第 1卷
16. 论享乐 1卷
17. 亚历山大篇或论殖民 1卷
18. 论王政 1卷
19. 论教育 1卷
20. 论至善 3卷
21. 柏拉图《法律篇》摘要 3卷
22. 柏拉图《国家篇》摘要 2卷
23. 论家政 1卷
24. 论友谊 1卷
25. 论承受或已受 1卷
26. 论科学 1卷
27. 论争辩 2卷
28. 息争篇 4卷
29. 解谬篇 4卷
30. 论相反 1卷
31. 论属和种 1卷
32. 论特性 3卷
33. 备忘录 3卷
34. 关于德性的命题 2卷
35. 异议篇 1卷
36. 论多义或增义 1卷

37. 论激情或愤怒 1卷
38. 伦理学 5卷
39. 论元素 3卷
40. 论知识 1卷
41. 论本原 1卷
42. 分割篇 16卷
43. 可分篇 1卷
44. 论问答 2卷
45. 论运动 1卷
46. 论前提 1卷
47. 争辩命题篇 1卷
48. 归纳篇 1卷
49. 前分析篇 8卷
50. 大后分析篇 2卷
51. 论问题 1卷
52. 方法学 8卷
53. 论较好 1卷
54. 论理念 1卷
55. 论题定义篇 7卷
56. 演绎篇 2卷
57. 演绎推理及定义篇 1卷
58. 论选择与机会 1卷
59. 前论题篇 1卷

60. 对定义的论题　2卷
61. 承受篇　1卷
62. 区分篇　1卷
63. 数学　1卷
64. 定义篇　13卷
65. 驳议篇　2卷
66. 论享乐　1卷
67. 命题篇　1卷
68. 论自愿　1卷
69. 论高尚　1卷
70. 驳义论　25卷
71. 情爱论　4卷
72. 友谊论　2卷
73. 灵魂论　1卷
74. 政治学　2卷
75. 政治学讲义(仿塞奥弗拉斯托的)　8卷
76. 论义举　2卷
77. 技艺集　2卷
78. 修辞术　2卷
79. 技艺篇　1卷
80. 技艺别集　2卷
81. 方法篇　1卷
82. 塞奥德泰方法集　1卷

83. 论诗的技艺 2卷
84. 修辞论式篇 1卷
85. 论数量 1卷
86. 论式分类篇 1卷
87. 论措词 1卷
88. 论倡议 1卷
89. 集锦篇 2卷
90. 论自然 8卷
91. 自然篇 1卷
92. 论阿尔库塔斯哲学 3卷
93. 论斯潘西波和克塞诺克拉底哲学 1卷
94. 《蒂迈欧篇》及阿尔库塔斯著作摘要 1卷
95. 驳麦里梭 1卷
96. 驳阿尔克迈翁 1卷
97. 驳毕达戈拉斯派 1卷
98. 驳高尔吉亚 1卷
99. 驳克塞诺芬 1卷
100. 驳芝诺 1卷
101. 论毕达戈拉斯派 1卷
102. 论动物 9卷
103. 解剖学 8卷
104. 解剖文选 1卷
105. 论动物构造 1卷

106. 论神异动物　1卷
107. 论不育　1卷
108. 论植物　2卷
109. 观相学　1卷
110. 医学　2卷
111. 论单元　1卷
112. 风暴征兆篇　1卷
113. 星象学　1卷
114. 光学　1卷
115. 论运动　1卷
116. 论音乐　1卷
117. 记忆篇　1卷
118. 荷马问题　6卷
119. 创制学　1卷
120. 物理学(按字母排列)　38卷
121. 问题续集　2卷
122. 常识集　2卷
123. 机械学　1卷
124. 德谟克里特问题　2卷
125. 论磁体　1卷
126. 喻言集　1卷
127. 杂记　12卷
128. 指南录(按类分)　14卷

129. 声言录 1卷
130. 奥林匹亚获胜者名录 1卷
131. 普提亚大赛获胜者名录 1卷
132. 论音乐 1卷
133. 论德尔斐 1卷
134. 普提亚获胜者名录辨 1卷
135. 狄奥尼索斯剧赛获胜者名录 1卷
136. 论悲剧 1卷
137. 教化篇 1卷
138. 格言集 1卷
139. 用膳规则 1卷
140. 法律篇 4卷
141. 范畴篇 1卷
142. 论解释 1卷
143. 158城邦政制(概论及各论,依平民政制、寡头政制、贵族政制、暴君政制次序安排)
144. 致菲利普书信
145. 致赛伦布利亚人书信
146. 致亚历山大书信 4封
147. 致安提帕特书信 9封
148. 书信:致门托尔 1封、致阿里斯通 1封、致奥林匹亚 1封、致海尔斯通 1封、致赛米斯塔戈拉 1封、致菲劳克赛诺斯 1封、致德谟克里特 1

封。

149. 诗篇　自“神圣的，诸神中最荣耀的，无远弗及的你……”开始

150. 挽歌　自“出自慈母怀抱的，最惠美贤淑的女儿……”开始

总计 445 270 行

二、证　　言

【亚里士多德《论诗》1454^b 15—18】

对这些要时刻牢记，此外还应注意创作所必须遵循的审美原则，因为人们在这上面经常犯错误，在那些已发表的言论中对这些已经充分地说明了。(R. 1)[①]

【西塞罗《论发明》Ⅱ. 2. 6】

从那位修辞术最早的发明者提西亚斯（Tisias）开始，亚里士多德把发明这门技术的古代作家们归为一处，小心谨慎并清楚明显地把搜集到的教导置于每一个名字之下，认真地阐述对它们的解释。他的表述在优美和简明方面远远地超越了这些发明者，以至没有人再从他们本人的著作中去了解这些教导。相反，所有想理解其教导的人，都转向了亚里士多德，犹如转向了一位称职得多的解释者。(R. 1)

① 黑方括号中数字为该条目在瓦林廷·洛塞（Valentin Rose）《亚里士多德残篇》中的引文号。圆括号中 R. 为罗斯的缩写，数字为该条在罗斯选本中的页码。下同。

【西塞罗《论演说家》1. 11. 49】

因此，假如有人谈吐文雅，那么，无论是根据传说还是在我看来，那些以自然事物为主题的自然哲学家德谟克里特理应被视为掌握了演说辞令的人。正如柏拉图谈论那些与政治争辩无关的事物时的出神入化令我向往一样，亚里士多德、塞奥弗拉斯托和卡尔尼亚德在他们语言雄辩地、词藻华丽地讨论过的事物上也同样谈吐文雅。尽管，就他们所讨论的事情而言只是在某些其他科学之中，而那种与众不同的口才，才是我所探讨和我们所追求的唯一技艺。(R. 1)

【西塞罗《论演说家》3. 21. 80】

但是，假如某个人曾经能够以亚里士多德的方式从正反两方面讲述一切事物，并且出自对他的教导的认识在每一件事情上都阐述两种相反的理由，或者以阿尔凯西劳和卡尔尼亚德的方式讨论每一个提出的问题，此外还为那种方法加上这里所说的语言经验和训练，那么，这个人就是真正的、完全的、唯一的演说家。(R. 2)

【西塞罗《布鲁图》31. 120－121】

布鲁图，我更为赞同你的见解，你追随那些学园派哲学家们,在他们的学说和教导中,讨论的方式与言谈的优雅、流畅相结合，不过，漫步派和学园派在言谈方式上的习惯具有这样的性质，以致虽然没有它就不能造就一个演说家，但单凭自身不能造就一个完全的演说家。因为就像斯多亚派的演讲更为简练，在相当大的程度上难为民众所喜闻乐见一样，其他人的演讲也散漫拖沓超过法庭和广场的习惯所允许。的确，有谁在言谈上比柏拉图更深刻丰富呢？假如丘比特讲希腊语，哲学家们就会说他就是如此讲的。有谁比亚里士多德更简练，比塞奥弗拉斯托更优雅呢？（R. 2）

【西塞罗《学院派问题前篇》Ⅱ. 38. 119】

当你那位智慧的斯多亚学者逐字逐句地对你说那些东西时，口若悬河的亚里士多德将走来。（R. 2）

【西塞罗《论题篇》1. 3】

但是，你是由于晦涩而放弃阅读这几卷《论题篇》的。我想象，那位伟大的修辞家已经回答说他对亚里士多德的这些东西一无所知。对此我毫不惊讶，除少数之外，不被哲学家们所知的修辞学家也都对哲学家无知。这些人很难被原谅，因为他们不仅要为他所说和所发现的东西所吸引，还应该为他语言风格和无可比拟的流畅和优雅所吸引。（R. 3）

【西塞罗《论目的》5. 5. 12】

关于至善，由于有两种风格的著述，一种以通俗的方式写成，被称作“对外的”；另一种以精确简练的方式写成，保

存在笔记之中，所以，亚里士多德和塞奥弗拉斯托并不总是说法一致的。(R. 3)

【西塞罗《致友人》1. 9. 23】

因此，我按照自己非常喜爱的亚里士多德方式，写了讨论或对话《论演说家》三卷。(R. 3)

【西塞罗《致阿提刻》4. 16. 2】

但是，你知道我的各篇对话的风格……在我撰写的《论国家》中，我把讨论归在诸如斐洛、赖利乌、玛尼利乌这些阿非利加人的名下……我加上了几个年轻人。由于我的每一卷书都有绪论，就像亚里士多德在他称为“对外的”几卷书中所做的那样，所以我打算准备一些东西，以免毫无根据地援引他。我觉得你会对此感到满意的。但愿我能够完成自己的计划。(R. 3)

【西塞罗《致阿提刻》13. 19. 3—4】

如果我像你上封信提醒我的那样，让科塔和尼罗互相对辩，而我的表演则是沉默，就古人而言，这角色是并不错的。赫拉克利特在许多著作中就是这样做的，我们在《论国家》的六卷中也是这样做的。甚至还有我们的《论演说家》的三卷，我对它们也评价甚高。在它们里面也有那些使我必须保持沉默的角色。……这篇谈话开场的时候，我还是一个少年，以致其中我无戏可做。不过，我在这些时间所写的东西，都具有亚里士多德学派的风格。其中戏都安排给他人，作者本人就好像是个主角。我就是这样完成了《论目的》五卷。(R. 4)

【昆提利安《论辩术准则》10. 1. 83】

至于亚里士多德，我能说些什么呢？我真不知道自己如何评价他，是应该根据他知识渊博，还是应该根据他著述丰硕，还是应该根据他能言善辩、思维锐利、著作等身呢？(R. 4)

【普鲁塔克《道德论集》447[f]—448[a]】

在哲学观点上，为什么往往被其他人所持的关于事物的进程的观点所改变，而并不感痛苦呢？亚里士多德本人、德谟克里特以及克吕西波（Khrusippos）就既无怨气也不烦恼，而是高高兴兴时放弃某些以前所持观点的。这因为灵魂的思索和认识的部分没相反感觉，所以非理性部分保持宁静无所活动，一旦真实出现理性就奔向它，毫不犹豫地放弃以前的谬误。(R. 4)

【普鲁塔克《道德论集》1115[(b—c)]】

亚里士多德借以嘲弄柏拉图的理念完全是歪曲，他在伦理学著作里，在形而上学和物理学著作里，以至对外的通俗对话里，对理念提出的所有难点表现出他对这一学说的态度是好争强而非爱智，似是在贬低柏拉图哲学，是在远离它而

不是追随它。(R. 5)

【第欧根尼·欧依诺安达残篇4 1. 7—2. 8】

当人们说事物不能把握，除了是我们不可言说的自然道理，别的还说什么呢?谁愿去寻求那些永远找不到的东西呢?亚里士多德以及跟随亚里士多德漫步的人说，没有东西可被认知，事物永远在流，由于流动迅速所以逃脱了捕捉。(R. 5)

【优塞比《福音史准备资料》14. 6. 9—10】

演说家开非索多罗……在他看到自己的教师伊索克拉底受到亚里士多德的攻击，由于对亚里士多德本人的无知和生疏，看到柏拉图的显赫名声，于是就认为亚里士多德的哲学思想是追随柏拉图的。所以向亚里士多德开战却攻击了柏拉图，他从对理论的控诉开始一直到那些自己毫无所知的东西，对这些东西他只是以猜测来说话。于是这个开非索多罗攻打的并非他的敌人，而是他原不想与之斗争的人。(R. 5)

【泰米齐斯《讲话》319C】

亚里士多德那些面向广大民众的作品也是通体透明，它的实用功能充满愉悦和欢乐，开放着爱情和善意的花朵。(R. 5)

【巴西尔《书信》135】

那些撰写着对话的外向哲学家，亚里士多德和塞奥弗拉斯托，直接把握事物自身，由于他们意识到自己身上缺乏柏拉图的善意。(R. 5)

【阿芒纽斯《范畴论》6. 25—27. 4】

我们说哲学家的表述方式显然是有区别的。那些专门以概念为对象的作品，艰深枯燥并且难题重重，不过用语是单纯的，为了找到真实和明确，如果需要他会造出名词来。在对话体的作品里，他为了大众而著述，所以要充分一些，细心地选择用语和比喻。为了改善表现力来适应谈话人，总而言之为了所说的东西更美而尽全力。(R. 6)

【辛普里丘《范畴论》4. 14】

在一般的著作里，有一些是札记性的，为了个人的记忆和进一步的尝试，哲学家把他们收集起来……19—20 阿弗罗狄西亚的亚历山大说札记性就是顺手拈来的，并不是为了一个目的而收集的；为了把另一些著作和札记性的区别开来，他把它们叫做系统性的，这系统地写下来的东西中有一些是对话体，有一些由本人独自扮演。(R. 6)

【埃里阿斯《范畴论》114. 15】

系统性的著作中，有一些由他(亚里士多德) 自己扮演，这些人们又称为专业性的，另一些是对话体，人们叫做对外的，正如独白和对话相对应，专业和外在的也相对应。为了有益于所有的人，亚里士多德既以独白体为自己的学生写作……也用对话体为些缺乏哲学修养的人写作。在专业性的著作中，由于对象已习于哲学思考，他用的是严格论述，在对话体的著作中，则是用隐喻来说话。……115. 3—5。亚里山大·阿弗罗迪西亚还指出专业著作和对话的另一个不同之点，在前者中他听说的是自己的想法，是真实；在后者中他说的是别人所想的，是谬误。(R. 7)

【埃里阿斯《范畴论》124. 3—6】

在那些对话中，即在对外的著作中，由于他在对外于哲学的人说话，所以清楚明白，同时由于在辩证家之中，所以词藻华丽，充满了爱情，盈溢着善意。(R. 7)

【亚里山大·阿弗罗迪西亚《论题篇注》5. 17—19】

对这里称为辩证法的科学，亚里士多德在其他各卷中讨论过，而最主要是写在《论题篇》各卷里。(R. 100)

【亚里山大·阿弗罗迪西亚《论题篇注》27. 11】

人们也许把从两个方面来进行探讨称为(智力) 体操，谈话的这种方式在古代就常见了。……14—18 人们提出一个正题，在论证中对它尽力发挥，确立并以或然论证对正题加以

反驳。在亚里士多德和塞奥弗拉斯托的一些著作中有这些通过或然前提达到相反结论的论证。(R. 103)

【塞翁《预习资料》2. P. 165】

对正题的学习材料可以从亚里士多德和塞奥弗拉斯托两人那里得到，在许多著作里都提到它们。(R. 103)

三、著　　作

1. 论公正*

【西塞罗《论国家》3. 8. 12】

另一位亚里士多德关于公正问题曾写了四卷重要的著作。(R. 96)

【德梅特留《论雄辩》28】

正如所指出的那样，不论在要引起恐惧的段落中，还是在感受和道德反省的段落中，都不宜用会造成同样结果的文字，因为痛感需要淡化，道德自责也是这样。至少在亚里士多德的《论公正》里，如果一个悲叹雅典命运的演说家要说“把所得和所失相比较，他们夺得了敌人的城邦却失却了自己的”，他所用的就是同情和怜悯的语言，如若他使用了同音词，说“权衡损失和利得，他们占领了敌人的城市却丢掉了自己

* peri dikaiosunees。

的邦国”，天知道，他会引起同情和怜悯，而不是哭中带笑。在引人情感的段落中误用措词，就如俗话所说，向出殡的人道喜。(R. 97)

【叙埃托纽《论亵渎》416】

一种称为尤吕巴托的罪，是从尤吕巴泰斯（Eurubatees）这个人而来，亚里士多德在他的《论公正》第一卷里说，他是个贼，在被捉进锁链中时，看守让他表演是如何翻墙入室的，“打开他脚上的镣铐，放他走出牢笼，他会很容易穿房越脊而逃掉”。(R. 97)

【拉克坦修《神圣准则》5. 15】

为了驳斥公正的捍卫者亚里士多德和柏拉图，卡尔尼亚德在第一篇讨论中列举了为公正辩护所说过的一切，以便像他事实上所做的那样推翻公正。(R. 98)

【拉克坦修《纲要》55】

许多哲学家，尤其是柏拉图和亚里士多德，关于公正说过很多，他们维护并以最高的颂词赞扬这种德性，因为它给每一个人其所应得，因为它在一切事物中维护公道；当其他德性仿佛是沉默了、封闭在内心了时，唯有公正才既不仅仅是为自己获得的，也不是藏匿起来的，而是完全向外延展，乐意行善，以致它对大多数人都有益。(R. 98)

【普鲁塔克《道德论集》1040e】

克吕西波在讨论公正问题时，批评亚里士多德说，他认为如若把快乐当作目的就是毁掉公正，而任何其他德性都离不开公正是不对的。（R. 98）

【波尔费留《解释篇注》2. 1. 1. P27】

在《论公正》中亚里士多德说："思想和感觉在本性上从开始就不相同"。（R. 99）

【阿泰纽 26d—27b】

斯多亚派的奠基者芝诺，尽管在其他方面是渊博和崇高的，然而当他因在论辩的强大力量，雅典人授予他以公民权的时候，还是高兴和自诩，他是一个外来的弗尼克人。……难道我忘了亚里士多德区别虚荣和自豪的标准吗？在某处他说，对于巨大荣誉和对待其他被称为善的东西一样，有过度的注意，也有适度的合理的注意。他又进一步说，有的人为了取悦无耻的大众把力量耗费在剧场和赛马场上，因赞扬声而扬眉吐气，就是亚里士多德所谓的为恶的虚荣所打动。如果一个人鄙视赞扬的喧嚣，认为不过像拍岸的波涛声一样，对那些善良的人们给予德性的、不加奉承的称许却比任何事物更重视，那么这样的人才是真正心地宽宏、精神高尚。

2. 论诗人*

【亚里士多德《论诗》1454^{b}15—18】

所有这些规则都需牢记，此外，还有一些对创作所必须遵循的舞台效果，这类感觉往往为人所忽略，关于这些问题在已发表的讲话中充分地说过了。(R. 67)

【迪奥·克里梭斯托莫《谈话》53. I】

至于亚里士多德本人，人们说批判术和文法学从他那里开始，在许多对话中他讨论了诗人，人们对他怀有诸多敬畏之心。(R. 67)

【马尔西安《亚里士多德生平》P. 427. 3—7】

在年轻的时候，他受到了良好的教育，这从他所写的《荷马问题》可以看出。还有他为给亚历山大而编订的《伊利亚特》、《论诗人》对话和关于创作与修辞术的著作。(R. 67)

【第欧根尼·拉尔修 8. 2. 57—58】

在《论诗人》中，亚里士多德把恩培多克勒说成荷马派，

---

* peri poietoon。

是语言大师，巧妙地运用比喻和在诗方面的其他技巧。他又说恩培多克勒在其他的诗作之外，还写了一首泽尔士渡赫尔斯彭，一首阿波罗序曲，但被他的一个妹妹，或如赫罗努莫所说，被他的一个女儿无意地烧掉了，但已完稿的波斯诗篇则是被有意烧掉的。亚里士多德更一般地说，他也写悲剧和政治作品。(R. 68)

【第欧根尼·拉尔修 8. 2. 51—52 (1)】

照希波布托的说法，恩培多克勒是麦顿的儿子和恩培多克勒的孙子，阿戈里根特人，爱拉托塞尼在奥林匹亚的获胜者里，根据亚里士多德的记载，说麦顿的父亲在 71 届奥林匹亚运动会上获胜。著作家阿波罗多洛在他的《年表》中说："他是麦顿的儿子，并且格劳库斯说在图里伊建后不久，他到了那里"，接着他又说："那些关于他从家里逃出来到了叙拉古，并与叙拉古人一道反对雅典人的故事，在我看来完全没有道理，因为他或者不在了，或者已到垂暮之年，这样事情不会发生。亚里士多德和赫拉克利特都说他终年 60 岁。"恩培多克勒在 71 届奥林匹亚运动会上赛马得胜，这是他同名的祖父。所以，阿波罗多洛把时间弄混了。(R. 68)

【第欧根尼·拉尔修 3. 48 (32)】

人们说埃利亚的芝诺是最先写对话的人，但亚里士多德在《论诗人》里则说是斯图拉或台奥的阿来克萨曼诺，这和法鲍里诺在《回忆录》里所说的相同。在我看来柏拉图确定这一文体，才真正当得创始人，他不仅找到了这一文体并使它变得完美。(R. 68)

【阿泰纽 505b—c】

尽管对其他的人说尽了坏话，却给曼诺唱赞歌，在《国家篇》里他驱逐了荷马和模仿诗，但他自己在对话里却以模仿式写作。他甚至不是这一文体的发现者，台奥的阿来克萨曼诺在他之前发现这种行文方式，尼卡亚人尼开亚斯如此讲述，还有梭提翁。亚里士多德在他的《论诗人》里这样写道："我们要否定那已无韵的所谓梭弗朗如散文和模仿吗？还有台奥的阿来克萨曼诺的作品，在苏格拉底对话之前已写出了。"这样博学的亚里士多德证实阿来克萨曼诺写对话在柏拉图之前。(R. 69)

【第欧根尼·拉尔修 3. 37 (25)】

亚里士多德说，柏拉图的对话体乃是诗和散文的中介。(R. 69)

【普罗科洛《形而上学注》1. 42. 2】

首先需讨论一下柏拉图不接受诗的理由……其次，是他特别排斥悲剧和喜剧的理由，虽然两者有助于约束情感，而情感是既不可完全排除，又不可加以放纵，须加适度的运用，戏剧所产生的效果能使我们在其他时间同样的场面不再重演……第二点是喜剧和悲剧的宣泄相互抵消。所以它们能使情感得到应有的满足，这样，在去掉不健康的成分之后，就使它们服务于我们的教育的目的。这一观点，给亚里士多德提供了有力的出发之点，并给那些戏剧捍卫者提供了反对柏拉图的论据，在说了这些之后，我们将予以反驳……我们承认，政治家应设法给这些情感找某种出口，但并不是强化我们对它们的依赖；相反地应该驾驭它们把它们的发泄保持在应有的限度内；然而诗的这种形式，由于它们的过度渲染，使情感失去了尺度，很难起到约束作用，因为只有控制过分，才能达到约束的目的，而不是尽情宣泄，经过约束的情感与那些由戏剧宣泄的情感略有共同之处。(R. 69)

【扬布里可《奥秘》1. 11】

人的情感是在我们中的能力，到处作声，不断增强，不过如若运用得当，限制在一个适当的限度，就是一种适宜的享受和满足，因为它被净化了，被驯服了，不再是一种强力。所以，在喜剧和悲剧之中，在静观别人的情感时，把自己的情感停止了，使它们变得更为温和，加以净化。(R. 70)

【扬布里可《奥秘》1. 3. 4】

决不能称之为清除、净化和治疗；因为它内在于我们并不是病态，也不是多余和过度；它是神圣的。(R. 70)

【马可罗毕 V. 18】

著名悲剧作家欧里庇德斯证实，埃托利亚人有一种风俗，即只穿一只鞋上战场。在他的题名为《墨勒阿革洛斯》的悲剧中，曾出现一位信使。这位信使描述了一起捕猎野猪的英雄们每一个人的穿着。……当然，在这件事上……我们也不应隐瞒那只有极少数人知道的情况，亚里士多德就曾经驳斥过欧里庇德斯，他断言欧里庇德斯无知，埃托利亚人不是左脚赤裸，而是右脚赤裸。与其断言，倒不如检验，我还是引用亚里士多德自己在《论诗人》第二卷中的话吧。在那里，当谈到欧里庇德斯时，他说："欧里庇德斯说塞斯提乌的儿子们赤着左脚行走，他们赤着脚迈左步，在右脚上穿鞋，所以他们有一条腿是轻便的。"而埃托利亚的风俗恰恰相反，他们左脚穿鞋而右脚不穿鞋，我想这是因为先迈出去的脚须是轻便的，而不是留下停止的那只。(R. 70)

【第欧根尼·拉尔修 2. 5. 46】

亚里士多德在《论诗人》第三卷里说，他（苏格拉底）以某个莱蒙的安提罗赫和占卜人安提丰为对手，正如克罗托内人库隆是毕达戈拉斯的对手一样；荷马生时以苏阿戈洛为对手，死后以科罗封的克塞诺芬为对手，赫西俄德生时以开尔考普斯为对手，死后以上述的克塞诺芬为对手。品达有考斯的安非门尼斯，泰勒斯有费来库德斯，毕亚斯有普林尼的萨

拉路，匹塔库斯有安提曼尼德和阿亚斯。阿那克萨戈拉以索席比奥为对手，西蒙尼德以提莫克隆为对手。（R. 71）

【普鲁塔克《荷马生平》3—4】

亚里士多德在《论诗人》第三卷里说过，在考德洛的儿子奈留斯统治伊奥尼亚殖民地的时候，在伊奥斯岛上有一个当地女孩因缪斯女神的一个伴舞精灵而怀孕。当她看到怀孕的征兆时为所发生的事情蒙羞，自己逃到了一个叫做埃及那的地方。皮里泰斯袭击了这个地方，俘虏了这个女孩并把她带到那时尚处于吕底亚人统治之下的斯穆尔那。他们所以这样，由于想取悦于他们的朋友吕底亚王迈翁。他由于她的美丽而与她相爱并结了婚。在他住在麦勒斯附近时，她出现了分娩的阵痛，在河边生下了荷马。迈翁收养这个孩子并像自己的儿子一样把他带大，科里则依分娩后就死去了，不久以后迈翁本人也死去。在吕底亚人受到埃奥利人的欺凌时，他们决定离开斯穆尔那，他们的领袖号召谁愿意就随他们离开城市。尚未成年的荷马说自己也愿意归顺（homerein），由此他被称为归顺者荷马（Homeros），而不叫生于麦勒斯的男子麦勒西根尼（Melesigenees）。在长大成人并因诗而成名后，荷马问神，他是谁所生养并来自何地。神这样回答：

> “伊奥斯是你的父母岛
> 也是葬身之地，青年的谜语要警惕。”

不久之后，他航向泰拜斯，参加诗歌比赛，他来到了伊奥斯。在这里他坐在岩石之上，眺望驶来的渔人，并问他们是否抓到了什么东西。但他们一无所获，而只是从自己身上捉虱子，对此难题，他们回答道：

"我们捉到的扔在外面，
把捉不到的带在身上。"

这在暗示他们把捉到的虱子捏死扔掉，把没捉到的带在衣服内。但荷马解不开这谜语，因失望而死去。伊奥斯人埋葬了他，在墓碑上镌刻了高度赞扬之词：

"在这里土地下掩盖着一颗
属神的头脑 诸英雄的荣耀 神圣荷马"。(R. 72)

3. 论哲学*

【亚里士多德《论灵魂》404^b18—21】

在《论哲学》的论述中也作过类似的定义，不但生物自身出自一的理念和最初的长、宽、高。其他东西也莫不如此。(R. 1)

【亚里士多德《物理学》104^a35—36】

在某种意义上，我们自身就是目的；何所为或为什么的

* peri philosophias。

涵义是双重的，这在《论哲学》中已说过了。(R. 1)

【辛普里丘《论天注》288. 31—289. 2】

他（亚里士多德）称为流行的那些为了大众而开始编排的哲学思想，我们想称为对外的，同时，把那些更为严肃的称为专业的和系统的，在《论哲学》里他谈到这一点。(R. 6)

【费劳德谟《责任》7^b4—8】

在亚里士多德《论哲学》一书的第三卷里……(R. 73)

【普里先·利图斯 41. 16—42. 3】

它们乃是出自柏拉图的《蒂迈欧篇》……和亚里士多德在《物理学》、《论天》、《论生成和消灭》、《天象学》中的论述；此外还出自《论睡眠》和《论梦》以及他以对话方式写的《论哲学》和《论宇宙》中的论述。(R. 73)

【阿斯克来庇乌《形而上学注》112. 16—19】

关于这些原理或本原，他（亚里士多德）说，我们已经在《物理学》中讲过了。并且应承在《形而上学》第二卷中讲这些问题，同时在《论哲学》中提出它们并解决它们。(R. 73)

【普鲁塔克《道德论集》1118C.】

最具启示性的德尔斐铭文是“知道你自己”，如亚里士多德在他的柏拉图体的著作中所说，它引导苏格拉底开始疑问和探索。(R. 73)

【第欧根尼·拉尔修 2. 5. 23 (7)】

亚里士多德说，苏格拉底到过德尔斐；但是发波里诺在他《回忆录》第一卷中说，他也到过伊斯摩斯。(R. 73)

【波尔费留 3. 21. 26】

对祈求神以知自己的人宣示的德尔斐圣谕是什么并且出于谁呢？菲莫诺伊或凡诺塞亚……还是毕亚斯、泰勒斯或赫隆所制定的。或者还是相信克来阿尔赫斯，他说圣谕出于女祭司皮蒂亚，当赫隆问学习什么对人最好时，她向他宣布的；或者如亚里士多德在其《论哲学》中所说圣谕在赫隆的时代之前，早就刻在庙门上了，它乃是在蜂蜡庙和青铜庙之后建成的…… (R. 74)

【克来门特《杂记》1. 14. 60. 3】

gnothi sauton(知道你自己）一语，有些人归之于赫隆，而哈麦朗在他关于神的著作中则归之于泰勒斯，而亚里士多德则归之于女祭司皮蒂亚。(R. 74)

【克来门特《杂记》1. 14.61. 1】

meden agan（不为已甚）一语归之于斯巴达的赫隆……（R. 74）

【《辞源大全》722. 16—17】

sophistes（智者，诡辩家）一词主要意义是作诡辩的人；但亚里士多德用之于七圣。（R. 74）

【第欧根尼·拉尔修《引言》1. 8（6）】

亚里士多德在《论哲学》第一卷说玛革人比埃及人更古老，他们认为有两个本原，一个是善的精灵，一个是恶的精灵，一个称为宙斯和奥罗玛德斯，一个称为哈得斯和阿来曼努斯。（R. 74）

【普林尼《自然史》30. 3】

优多克索斯认为，在众多的哲学派中，这个巫术派是最著名和最适用的；据他说，这个琐罗亚斯德生活于柏拉图死前6 000年；亚里士多德同意这一点。（R. 75）

【西塞罗《论诸神本性》1. 38. 107】

亚里士多德指出，从未有过奥菲斯这个诗人，这种奥菲斯体诗应该归于某个名叫凯尔科布的毕达戈拉斯派成员。（R. 75）

【普鲁塔克《道德论集》370C.】

哈尔代人把一些行星叫做生育之神，并说两个是善良的，两个是邪恶的，其他三个是中间，不善也非恶……亚里士多德则说有的是形式，有的是短缺。(R. 75)

【菲劳旁诺《论天注》186. 14—16】

在他的《论哲学》中说，所以用“据说”因为这些诗被认为并不是奥菲斯的作品；这些信念是他的，而人们说由奥诺马克里特编写成韵文。(R. 75)

【苏耐西乌《大全》22. 85C】

……如若喻言是智慧的，为什么那些由于其简练明白而在人类大毁灭中保存下来的，亚里士多德当成圣物的东西并不明智呢？(R. 75)

【菲劳旁诺《尼各马科伦理学注》同源词 I】

1. 智慧(sophia) 之所以这样称谓，由于它是一种清明(sapheia)，使一切事物清楚明白。这种清明似乎是一种光亮(phaes)，由光(phaos，phoas) 而得名，它把一切隐蔽的东西带到光明。所以，亚里士多德说可理解和思维的东西是神圣的，虽然它们在本性上最为清楚明白(phanotata)，但对我们还是隐晦的，由于我们被躯体迷雾所障蔽，所以人们自然要称这些把我们带入光明的知识为智慧。所以，我们以一般的方式使用“智慧”和“明智”这类词的时候，必须明白它们是同义的。亚里士多德在《论哲学》第十卷中指出，在古代人们用五种方式来称谓它们。由此，首先你须知道人们毁灭的方式各不相同，瘟疫和饥馑，地震和战争，各种疾病和其他原因。但更为可怕的是洪水，例如传说中丢卡利翁时代的，这当然是场大洪水，但还不是最大的。虽然平原及其居民被吞没了，但猎人和在山上及丘陵生活的人却得救了。据说至少是达尔达诺被洪流从萨莫次拉基带到后来称作的特洛亚而得救。那些从水中脱险的人，当然住在高原上，正如诗人所说的那样：

层云的收集者宙斯首先
让达尔达诺降生，他建立了
达尔达尼亚，那时圣伊里奥斯尚非
平原上的生民之城。他们就
安家在伊达山多泉的岩丛。

这很显然他们还有胆量在平原上安家。这些幸免于难的人，由于缺乏维生的手段，被迫去设想有用的事情，发明了磨谷、播种等，作出这种设想的人是智慧的。接着，又设想出艺术，如诗人所说“在雅典娜的启示下”，艺术已不限于生活必需，而是走向优美和文雅之所需。人们又把这称为智慧，把发明者称为有智慧的人，如说“一个智慧的匠师所做成”，“善于领会雅典娜所启示的智慧”。由于这些寻得物的高超，就把对它们的设想归于神。再进一步他们着眼于城邦事务找到了法律，把城邦所有的人维系在一起，又把这种设想称为智慧，这就是七圣，他们是找到城邦德性的人。于是他们继续前进而到达物体以及它们的创造者的本性，人们就特称之为对自然的考察，我们说这样的人具有对自然事物的智慧。第五，人们又把它归于属神的事物，超世的，全然不变的，对这种事物的认识，称为最高智慧。(R. 76)

【塞克斯都·恩披里柯《物理学》2.45—46】

有些说运动存在，另一些人则反对……这是巴门尼德及门人和麦里梭，亚里士多德称之为物理学的不动论者和非物理学者，由于只承认静止所以为不动论者，由于自然是运动的本原，他们说运动非存在，所以为非物理学者。(R. 77)

【普罗科洛《永恒宇宙》31】

看来并不像对理念论那样，亚里士多德对柏拉图所有方面都加以排斥，不但在逻辑学著作中……并且在伦理学著作中……物理学著作……而更多的是在形而上学著作中……在他的对话里则十分明确地表示他决不同意这一论点，而不惜被人指责为故作反语。(R. 77)

【叙里安诺《形而上学注》159. 33—160. 5】

所以他（亚里士多德）同意，他对他们的（柏拉图派的）前提没有相反的说法，如说在数学方面有分歧的话，他则完全无法追随理念数的道理。这从他《论哲学》第二卷中的话中可以看得出来。他说，“如若理念是其他类的数，而不是数学数，那么我们对它就不能理解了，因为我们大多数谁能理解其他的数呢?”现在他将反驳诉于大众，那些除由单元构成并不知其他数的人，并且在开始就不追随这些如神一般的人们之所想。（R. 78）

【亚里山大·阿弗罗迪西亚《形而上学注》117.23—118.1】

亚里士多德摆出了他们（柏拉图派）的观点，他在《论哲学》中已加以说明，他们把存在的东西（他总把实体当作存在的东西）作为自己所设定的本原（他们称之为无定的双元，即大和小），他们说长度的本原是长和短（其前提是直线是来自长的和短的也就是说来自大的和小的，或每条线不是长的就是短的），同样平面的本原是窄的和宽的，其本身也就是大的和小的。（R. 78）

【亚里士多德《论灵魂》404^b16—24】

柏拉图也是这样，在《蒂迈欧篇》里，他用元素制作灵魂，因为由相似来知相似，一切事物都出于本原，正如在《论哲学》里所说的，动物自身出于一的理念自身连同最初的长、宽、高。其他事物也莫不如此。换言之，他说，理智是单元，知识是双元（因为它总是一贯不变），意见是平面数，

感觉是立体数。(R. 79)

【辛普里丘《论灵魂注》28.7—9】

他(亚里士多德)现在把他根据柏拉图讲稿写成的《论善》称为《论哲学》，在这里他述说了毕达戈拉斯和柏拉图关于存在物的意见。(R. 79)

【(亚里山大·阿弗罗迪西亚)《形而上学注》777. 16—21】

关于一，他(亚里士多德)说，并不是所有人以同样方式说成本原，有人说数目自身把形式带给面积的大小，2元之于直线，3元之于平面，4元之于立体(在《论哲学》中他讲述了柏拉图，因此在这里，对他们的思想只作了简要的概括)；而另一些人则说面积的大小因分有一而得形式。(R. 79)

【塞克斯都·恩披里柯《物理学》1. 20—23】

亚里士多德说神的观念由两个方面开始在人们生成，来自灵魂和天体有关的事情。前者属于灵魂在梦中的灵感和预言能力。因为灵魂在睡眠中处于孤独状态时，它显示出自己的本性并且预见和预言未来。在死后当灵魂离开肉体时它也是这样。他甚至认为诗人荷马也看到了这一点，用描绘帕特罗克洛在死时就预言了赫克托尔的死，而赫克托尔预言了阿喀琉斯的终结。他说，正是从这些事情人们就想到某种属神的东西的存在，某种本性似于灵魂的东西的存在，某种全知全能的东西的存在。这种观念也同样来自天体，在白天看到了太阳圆周式的运行，在夜间看到了其他星辰秩序井然的活动，人们就想到有某个神，是运动和秩序的原因。亚里士多德如是说。(R. 80)

【西塞罗《论占卜》I. 30. 63】

因此，当睡梦使灵魂脱离了与身体的结合和联系时，灵魂就回忆往事，分辨当前并预见未来。它抛下一个睡眠中的人的身体，就像抛下一个死人的身体。不过，它此时生机勃勃，却更具有灵感。……但是，波西多纽以自己附加的例子断言垂死的人能够预言。……除此之外还有一个例子，即荷马诗中的赫克托尔，他在临死时宣告阿喀琉斯已死期不远。(R. 80)

【塞克斯都·恩披里柯《物理学》1. 26—27】

人们说，当人们面对诸天体不偏不倚、秩序井然的运行，从这里就生成了神的观念：正如一个人坐在特洛亚的伊达山顶，看到了希腊的方阵排列整齐，秩序井然地走近平原，“马队骑着马，驾着车走在前面，步兵跟随在后”，他必然会想到，方阵是某人安排的，命令士卒们服从她的安排。他是耐斯托，或者其他“懂得号令骑士和装甲步兵”的英雄。一个熟悉船的人，当他看到一条船从远方顺风而来，平稳自如，就会知道有个人指导着，驾驶着它，朝向指定的港湾。同样，当人们看到天上的太阳从上升到下落在轨道上奔跑，诸星辰有秩序地迈着自己的舞步，就去找寻这一优美设计的大师并推断出它不是来自巧合，而是出于某个强而有力自然不朽的人物的安排，这就是神。(R. 81)

【西塞罗《论诸神本性》2. 37. 95—96】

亚里士多德绝妙地说道：如果有一些人总是居住在地下，拥有美观明亮的住宅，装饰着各种塑像和绘画，配置有被认为幸福的那些富人所拥有的一切物品，但却从未来到过地上，而是仅仅借助于道听途说得知有诸神的主宰和力量，假如某个时刻地的入口被打开，他们能够从那些深藏的住处走出，来到我们居住的这些地方，当他们突然看到大地、海洋、天空，认识到云的壮观和风的猛烈，观望到太阳及其壮丽，甚至认识到这样的效果，即太阳通过把自己的光洒满天空而造成了白昼，而当夜幕笼罩了大地时，他们又注意到整个天空井然有序地布满了星辰，披着月光，注意到月亮时盈时亏的变更，注意到它们每一个的升起和落下都永恒地遵循着固定不变的轨道，当他们看到这些时，就肯定会相信存在有诸神，所有这些都是诸神的作品。这些就是他所说的。(R. 81)

【费洛《喻言集》3. 32. 97—99】

最初的人就寻求神的观念是怎样来的，后来被认为是最高的哲学家说，神的观念来自对世界及其部分，对内在于它们的能力的原因的认识。如若一个人看到一所精工建成的房屋，包括回廊、阳台、男女居室及其他设施，他就会得到一个建筑术的观念，并且自然地想到，如果没有一个大师的匠心，这样的房屋绝难建成。一座城市、一条船只以及其他或大或小的制作物莫不如此。同样，如若一个人走入这个世界，就像走进一所广大的屋宇和城市，并且看到各种天体作圆周轮转，包罗万象，行星和非行星秩序井然地运行，为了整体的善而构成的和谐，大地居于中央，其间奔流着水和气，有死的和不死的生命，各类植物和果实，他就一定会想到没有一个极高的工匠，这些东西就不能造成，过去和现在这一切的造物主就是神。那些作这样推想的人，就通过神的影子而把握到了神，从他所创造的成品而想到了匠师。(R. 82)

【塞涅卡《自然问题》7. 30】

亚里士多德说得对极了。我们在任何时候都不像在讨论诸神时那样应当谦恭。假如我们庄重肃穆地走进寺庙，假如我们低首垂目参加祭祀，假如我们穿上礼服，假如我们充满敬意地从事每一次论证，那么，当我们讨论众星、诸神的本性时，应该表现出怎样的谦恭来，才不致于冒昧地或者妄言无知，或者明知故犯呢？(R. 83)

【苏耐西乌《酒神祭》10】

……正如亚里士多德，那些参加奥秘祭仪的人们最宝贵

的不是学到了什么而是感受和改造，也就是生活遭遇的启示。(R. 84)

【米希尔·普塞罗斯《约翰·克里玛库讲义》6. 171】

这里所教给你的，是我学习到的，而不是感受到的东西……一个是传授的，一个是顿悟的（telestikon）。第一个来自于人们的听觉，另一个来自理智自身所感受到的光明。亚里士多德看作是奥秘的，仿佛是厄琉西斯密祭，因为参加密祭的人是在受塑造而不是受教导。(R. 84)

【辛普里丘《论天注》289. 1—15】

关于神性的永恒，他在《论哲学》中说，一般说来，凡是有较好的地方，也就有最好。所以，如若这个东西比那个好些，也就存在某种最好的东西，它就是属神的东西。再如变化，那就或被他物所变，或被自己所变。如被他物所变，或者被一个较好的所变，或者被一个较坏的所变。如若被自己所变，或者变得更坏些，或者变得更好些。神性没有它可以变成的、比自己更好的东西（因为，那个东西就更为神圣了），同样较好的东西承受较坏的也无道理。此外，如若它为某种较坏的东西所改变，那么它将接受某种恶于自身的东西，而神性之中是无邪恶的。在另一方面，它也不会期求更好，自己已经是优良的东西无所缺，它也不能将自身变得较坏，甚至一个人也不愿自己更坏，同时也不会具有因变坏而

得的任何邪恶的东西。这个论证是亚里士多德从柏拉图《国家篇》第二卷引用的。(R. 84)

【《所罗门箴言注》gr. 174. f46a】

亚里士多德说：本原或者一个或者多个。如若只有一个，我们就要有所寻找的东西。如若是多个，它们或者有序或者无序。如若它们是无序的，它们的产物就更加无序，那么，那宇宙就不是有序的东西而是个混沌。此外，一个反乎自然的东西属于在本性上非存在的东西。另一方面，如若它们是有序的，就或者出于自身的安排，或者出于外来的某种原因。如若它们为自身所安排，那就具有某种把自己组合起来的共有物，这就是本原或始点。(R. 85)

【费洛《永恒宇宙》3. 10—11】

在主张世界是非生成和不消灭的时候，亚里士多德是说得很虔诚和崇敬的，他责备那些持相反意见的人为极其渎神。在这些人看来，那实际上包容着太阳和月亮以及无不非神的行星和非行星的，伟大的可见神，未必好于出自工人之手的作品。人们说，对此他以嘲笑的口吻说，他过去只怕自己的房子被狂风和暴雨所毁，因时间和维护不善而坏，但现在他却面临更大的危险，那就是整个世界要被这些人的论证所毁灭。(R. 85)

【费洛《永恒宇宙》5. 20—24】

关于世界既不被生成也无消灭的论证，就可见神而论，在讨论中理应放在前面。一切被消灭的东西无不出于两个原因而毁灭，一个是内在的，一个是外在的。铁、铜以及此类的实体由内在的原因而毁灭，锈如慢性病那样侵蚀了它们。一所房屋，一座城市，由于外在的原因而毁灭，它着了火，被烈焰所吞没。同样，有生物或者由于自身的疾病而亡故，或者从外面，由于被切喉、石击而丧命，或者悬吊而横死。如若世界被毁灭，不是由于外来的某物，就是一种内在的力量。两者都不可能。由于万物莫不归之于世界的整体性，所以无物在他之外。正因为这样，它将是一，是完全的和不老的，它所以是一，因为如若任何事物在它的组合之外，也会是现在世界一样的世界；它之所以完全，因为存在的完全性普及于它；它之所以是不老的无病的，因为由于热和冷以及其他相反力量的外来侵袭，身体才染病、衰老以至死亡，但这类事情没有一个能逃出圆周循环来危害世界，既然一切事物均无一例外全部包括其中。如若，在它之外还有什么，必定是虚空和既不承受也乏动作的无能本性。再者世界也不被外来之物所毁灭，第一，如若这样，那么部分就将既大于全体，又强于全体了，这岂不是极端荒唐的；因为世界拥有不可超越的力量，主宰一切部分而不受任何主宰。第二，毁灭的原因既然有内外两种，为一种原因所影响的东西，必然为另一种所影响。何以见得呢？牛、马、人以及其他可被铁器所毁的动物，也可以因疾病而死亡。由于它的坚固，绝不能找到任何外在的原因来毁灭它，所以就绝无可能受内在的影响。前面说过，由于绝对没有什么在它之外，世界不会因外来的原因而毁灭，因为前面的论证已证明不为一个原因所影响的，也不受另一个的影响。(R. 86)

【费洛《永恒宇宙》6. 28—7. 34】

也可以用另外的方式。所有的组合体都可毁坏和解散为组合物；但解散只不过是使其部分回到它的自然状态，所以组合就是相反的，强使那些集合在一起的部分处于非自然状态。这当然是无可怀疑的。我们人不过向四元素取来一小部分组成，而这些元素则从宇宙取得其整体——土、水、气和火。而它们的部分一旦组合在一起，就失去它们的自然方位，热的向上运动被迫着向下，土的沉重实体被变成轻的并被放置在朝上的地区，这个地区被我们土质最多的部分即头颅所占据。最坏的结合是些被强力压挤在一起的部分，这是勉强的和短命的，它很快就被已成组合的人所破坏，由于想要回到所固定的自然运动，他们擤鼻子。正如悲剧诗人所说："事物来自土，又回到土，来自以太的种子回到天穹。"生成的东西都不会死去，这个朝着这里，那个走向他方，每个都以固有的形式显现。因为万物都要消灭乃是法则和必然，那些被混合在一起的部分，都必然是以无序代替了它们的自然秩序，似乎处于流放之中，所以在它们分开的时候它们就回到了自然的秩序。我们已经看到宇宙无任何部分是无序的，再让我们讨论一下。如若世界是可毁的。它的每一个部分要被置于非自然的区域。但这是难以设想的，因它的所有部分都完全有适当的位置及和谐的安排，似乎是每一个都安于故土而不寻求换一个更好的地方。因为这个缘故，所以大地居于中央，一切土性的东西，就把它抛上去，也向这里降落。这里表明是它们的自然所在，因为这里，一个东西来此定居，如不被强制并且静止，这里就是它的家园。其次，水漫流在地表，气和火从中央上升，气落于火水之间，火则升到最高的地域。因此，如果你点燃一支火把，将它抛在地上，火焰仍然竭力反抗，燃烧着自己，回到火的自然运动。如若其他生物灭亡的原因是它们的非自然状态，那么宇宙，它的每一部分都合乎自然、处于所指定的自身所固有的位置，理所当然，要把宇宙说成是不灭的。(R. 87)

【费洛《永恒宇宙》8. 34—43】

最具说服力的一个论证，就是那个许多人引以为荣的，认为是最为确切，无可反驳的道理。人们问：为什么神要毁灭宇宙呢？或者为了不再制作宇宙，或者为了去制作其他宇宙。前者是与神不相容的，他之所应做的是把无序变成秩序，而不是把秩序变成无序，再说，他也难以忍受灵魂疾病和痛苦。因为，他或根本不去制作一个世界，或者，如若觉得这件事出于自身，他将对成果而愉悦。第二种可能需充分研究。因为代替这个世界，他制作另一个，那么所作的世界，就只能或比这个更坏或更好，或者和它一样，但两个可能中任何一个都要带来反对。如若所作的世界更坏些，那么它的制作者也将更坏，但神的作品是无可挑剔的，也无可改进，因为它们成于最完满的技术和知识。正如俗语说，“如若更善易得，一个妇人也不会短见到去选择更恶”。把形式给予无形式，把丑恶的东西打扮得美丽无比才是神的本事。回过头说，倘若新世界和旧世界并不两样，那么创造者就是一场空忙了，这恰似一些玩童，他们在海滩上聚沙为塔，集起来又推掉。倘若既不除去什么，也不增加什么，既不变得更好，也不变得更坏，去制作一个如旧的新世界，还不如把原来的保留。再若是制作一个更好的世界，创制者就必须变得更好，那就是在制作前一世界时他在技术和知识两方面都不完满，甚至如此设想都是有罪的。神是自身等同并且相似，既不因缺乏而更坏，也不因充足而更好。(R. 89)

【西塞罗《卢库鲁》38. 119】

当你那位智慧的斯多亚学者逐字逐句地对你说那些东西的时候，亚里士多德将走来用金光闪闪的词句指斥他狂妄无知:世界根本不是在某个时候生成的，因为如此杰出的作品，其任何开端都不会是遵照新作出的决定的；世界在各方面都是恰当的，以致没有任何力量能够引起如此大的运动和变化，

也没有任何出于时间久远的衰老，以致这一杰作在某个时候而崩溃。（R. 89）

【拉克坦修《神圣准则》2. 10】

如果某物由于一部分一部分的消亡而会在整体上消亡，那么，它显然是在某个时候生成的。就像易逝性显示出一个开端一样，它也要显示出一个终结。如果这些都是真的，那么，亚里士多德就不能否认世界也有一个开端。假如这是柏拉图和伊壁鸠鲁硬从亚里士多德那里得出的，那么，虽然认为世界永恒的柏拉图和亚里士多德能言善辩，伊壁鸠鲁还是硬从这两个人那里得出了同样所不情愿的终结，于是世界有一个终结。（R. 90）

【西塞罗《论诸神本性》2. 15. 42】

因此，由于一些生物是在土中生成的，一些生物是在水中生成的，另一些生物是在气中生成的，所以亚里士多德认为，在一个最适宜于生物繁衍的区域设想没有任何生物生成是荒谬的。而且，天体占据着以太域。由于以太域是最精细的，总是保持着运动和生机，所以在它里面，肯定会生成一种具有敏锐的理智和最迅捷的运动能力的生物。因此，由于天体是在以太中生成的，它们具有感知和智慧是合乎逻辑的。由此可见，天体应被归入诸神之列。（R. 90）

【西塞罗《论诸神本性》2. 16. 44】

亚里士多德在这一点上也应该受到称赞，他认为，凡是运动的东西，其运动要么出自本性，要么出自外力，要么出自意志。不过，太阳、月亮和所有的天体都在运动；出自本性运动的东西，要么由于重而向下运动，要么由于轻而向上运动；二者之中的任何一个都与天体无关，之所以如此，乃是因为天体的运动以圆周循环进行；但也不能说它们被某种更高的力量推动，以致违背自己的本性运动，因为什么力量能够比它们更大呢？因此，剩下的就是，天体的运动是自愿的；看到了这些现象的人，如果还否认诸神存在，其做法不仅是无知，而且是不敬的。(R. 90—91)

【涅谟修《论人的本性》69】

亚里士多德甚至描述了第五天体，它是稀薄的，并且以圆形轨道运动。他否认天空是由四种元素构成的，而称之为第五天体，它以圆形轨道运动，因此它必须围绕同一点以圆形轨道运动。(R. 91)

【斯托贝乌 1. 43】

柏拉图和亚里士多德说动物有四种：陆上的、水中的、有翅的、天上的。因为人们说星辰也是些动物，并且宇宙自身具有神性，一个有理性的不死的东西。(R. 91)

【奥林匹俄多罗《斐多篇注》180. 22—23】

亚里士多德把全部制作归之于天上的动物。(R. 91)

【奥林匹俄多罗《斐多篇注》200. 3—6】

应该有些人甚至整个人种是从阳光吸取营养，这从有的人在这样的地方只从阳光吸取营养可以表明；亚里士多德描述过他所见到的这样的人。(R. 91)

【奥林匹俄多罗《斐多篇注》239. 19—21】

如若亚里士多德描述过没有睡眠、仅从阳光吸取营养的人，那么对另一个世界的那些人我们应该怎么想呢？(R. 91)

【奥林匹俄多罗《斐多篇注》26. 22—27】

普罗科洛像亚里士多德那样，认为天体只有视觉和听觉，因为两者为美好存在所需，而不像其他感觉那样仅为存在所需。诗人（荷马）证明了这一点，他说：“太阴看到一切，听到一切。”这证明天体具有视觉和听觉。亚里士多德更进一步，指出在一切感觉中，唯此两者是更主动地认知，胜于被动地认识，所以最适于不变的存在。然而，达玛斯乔却主张天体也具有其他感觉。(R. 92)

【普鲁塔克《道德论集》1137b—1140b】

至于音乐是庄严的、某种神圣和宏大的东西，柏拉图的门人亚里士多德说："音乐是天上的，在本性上是神的，优美并且激发灵感。就本性而言，它具有四个因素（deunamis），两个中介，数学的与合声的，而这些因素和它们的相互超过，具有数目的和比例的关系，音域安排为四谐音。"这就是他的话。他的意思是音乐的躯体由不相似的因素构成，但却是相互和谐的。它的中介也是和谐，是数的比例，如高音与低音的比例是 2∶1，而完成于八度音程。因为，正如前面所说，音调最高有 12 个音节最低有 6 个音节。……于是，在亚里士多德看来，和声在本性上是由音调和与之相应的数目所构成的。不但和声，一切音调在最内的本性上都是出于偶数、奇数和偶奇数。甚至其自身作为整体也包含着四个项，而它的因素和它们的比率是偶、奇和偶奇；轻音（neatee）出于偶数，有 12 个音节，次中音（paramesee）出于奇数，有 9 个音节，中音（mesee）出于偶数，有 8 个音节，尖音（hupatee）出于偶奇数，有 6 个音节。由于和声是这样构成的，它的音调也同样与它们相互超过和比率相应，而其整体则与自身并且与其部分相和谐。至于生成于躯体的那些感觉，有些是上天的和神性的，有的在神的帮助下通过知觉的和声而赋予人，这就是视觉和听觉，它们借助于光和声而显现和谐。那些与之相伴随的感觉作为感觉构成也是和谐的，它们所完成的事情也不是没有和谐的，虽然低于视觉和听觉，但并非来自它们。当神出现时，它们就于身体生成，与原理相符，它们的本性是宏大和优美的。

这就明白了，古希腊人在一切的教育之中，把音乐教育看作是最重要的。(R. 92)

【西塞罗《论诸神本性》1. 13. 33】

亚里士多德在《论哲学》的第三卷中与其老师柏拉图意见相左，把许多东西搅得一塌糊涂。这就是说，时而他把每一种神性都归于理智，时而又说世界就是神，时而又让某个神凌驾于世界之上，给神以借助某种回返以引导和维持世界运动的职责。此时他又说天的光辉是神，却不知道天正是他在另一处称为神的世界的一部分。然而，天的那种神性的感知是以什么方式在如此高的速度下保持下来的呢？如果我们把天也算作神，那么，这么多的神都呆在什么地方呢？由于他同时还认为神是没有形体的，他也就取消了神的任何感知，甚至包括预知。况且，没有形体的世界是以什么方式运动的呢？或者说，如果他总是在运动，又怎样才能是宁静的和至福的呢？(R. 94)

【西塞罗《学院派问题》1. 7. 26】

因此，气——我们把它作为一个拉丁词来使用——、火、水、土是原初的，由它们生成各种各样的生物和从大地生出的一切。所以，它们被称作本原，从希腊文翻译过来，也叫做元素。在它们里面，气和火具有推动和变化的力量，而其他两种——我说的是水和土——的角色则是接受，差不

多是忍受。而构成星体和心灵的第五个品种，亚里士多德断定是某种独特的、与我上面所说的四种不同的东西。（R. 94）

【西塞罗《土斯库兰论辩》1. 10. 22】

无论是在天资方面还是在严谨方面，亚里士多德都比所有的人——我总是把柏拉图除外——优秀，他在把握了万物从中生成的那四种众所周知的本原之外，认为还有某种构成心灵的第五元素。思维、预见、学习、传授、发明等诸如此类的事情，回忆、爱和恨、想望与恐惧、忧伤与愉悦，所有这些以及类似的东西，亚里士多德认为它们都不包含在这四种元素的任何一种之中。他补充了第五种无名的元素，并予心灵本身以新的名称，曰 endelekheia（不休），仿佛它是某种不间断的、永恒的运动。（R. 95）

【西塞罗《土斯库兰论辩》1. 17. 41】

无论灵魂是某种数（这是一种精致但不甚清晰的说法），还是第五种本性，它虽无法命名却甚好理解；它们都是更为完美、更为纯粹的东西，以至它们使自己远离大地。（R. 95）

【西塞罗《土斯库兰论辩》1. 26. 65—27. 66】

但是，如果有亚里士多德第一个宣布的那第五种本性，那么它或者是诸神的本性，或者是灵魂的本性。我们同意这种观点，用《论慰藉》中的下述话来表达它："在土中找不到灵魂的任何起源。因为在灵魂中没有掺杂和聚结任何东西，既没有任何显得是由土生成和做成的东西，也没有任何出自水、气、火的东西。因为在这些本性中，不存在任何具有回忆、理智和思维的力量能够保存过去、预见未来和把握现在的东西。这些都是神一般的能力，除了来自神之外，在任何时候都不能发现它们能够从某处达到人身上。因此，有某种独特的本性和理智力量，它与这些通常众所周知的本性不同。这样，无论那感知、认识、生存、成长的东西是什么，它都必然是来自上天的、神一般的，因而也就是永恒的。的确，如果没有某种无拘无束的、自由的、摆脱了一切易逝的物质的、感知一切的、推动一切并且自身永远赋有运动的理智，就不能以别的方式来认识我们所认识的神。"人的理智就出自这个类和这种本性。(R. 95)

【克莱门特（罗马的）《论辨别》8. 15】

亚里士多德还引入了第五种元素，他称之为 akatanomaston（无名），即不可命名者。他肯定无疑地指出这种元素，它通过把四种元素结合为一来构成世界。(R. 96)

【亚里士多德《物理学》149a27—36】

为什么与目的以及用什么来达到这些目的是同一的。自然就是目的与何所为(因为一个连续运动的终结就是目的,这个终结就是所为的东西,诗人的荒诞由此而来,他说,“他已达到了为之而生的目的”,其所以荒诞,因为并非所有的终结都是目的,只有那最好的才是目的)。既然技术制作质料,但有些是一般的,有些是有好成果的,并且一切为我们所作的东西,都是为了我们而存在(因为,可以说我们就是目的,何所为有双重含义,这在《论哲学》中说过了)。(R. 96)

4. 政治家篇*

【西塞罗《论目的》5. 4. 11】

他们(亚里士多德和塞奥弗拉斯托)每一位在讲到领导者在国家事务中应该如何时都是一致的。(R. 63)

【西塞罗《致弟弟昆图的信》Ⅲ. 5. 1】

当我和萨鲁斯蒂在土斯库兰听人读这几卷书时,他提醒我,既然他自己还谈到国家事务,我可以大得多的权威来谈这些事情,尤其是因为我并非赫拉克利德·波恩提库,而是当年的执政官,对国家最高事务有丰富的经验。而我借这些古人之口,则将被看作虚构。……最后他说,亚里士多德以自己的名义说过关于国家和卓越人物的治理。(R. 63)

---

* politikos。

【叙里安诺《形而上学注》168. 33—35】

对有关问题，在《政治学》一书第二卷里，总是写下了……他（亚里士多德）并且清楚地这样说，“善才是万物最准确的尺度”。（R. 64）

【塞涅卡《论愤怒》I. 3. 3】

亚里士多德的定义与我们的定义相距不远，他说，愤怒就是对痛苦进行报复的一种欲望。（R. 64）

【塞涅卡《论愤怒》I. 9. 2】

亚里士多德说，愤怒是必要的，若非它充满了心灵，激发起豪情，就不能战胜任何东西。不过，不能把它当作统帅，而应当作士卒。（R. 64）

【塞涅卡《论愤怒》I. 17. 1】

亚里士多德说过，某些情感如果得到正确的使用，就可以被当作武器。（R. 64）

【塞涅卡《论愤怒》Ⅲ. 3. 1】

要知道，就像我在前几卷所说的那样，亚里士多德是愤怒的辩护人，他不许我们根除愤怒。他说，愤怒是德性的刺激因素；除去愤怒，心灵就会解除武装，对于重大的事务心灰意懒，而不能竭尽全力。……所以，我并不是如你可能认为的那样，是在无聊的事情上浪费时间，愤怒也不像人们一般认为的那样是不体面的；因为有一个人，而且是位最卓越的哲学家，他写了关于愤怒的著作，并倡导愤怒，把它当作有用的，在斗争中，在处理事务中，在任何一种需要热的事情中激起豪情。（R. 64）

【塞涅卡《论愤怒》1. 7. 1】

人们可以愤怒，岂不正是因为它经常有用吗？它振奋和激发灵魂；没有它，勇敢在战争中就不能成就任何伟业，除非是由于它而点燃起激情，而这种刺激又敦促和造就出勇敢的人。因此，有人认为，最好是节制愤怒，而不是根除愤怒，应该通过清除它的过分成分而把它引向有益的程度，保持它的这样一些成分，没有它们，行动就会无精打采，精神的力量和活力就会消失殆尽。（R. 65）

【西塞罗《土斯库兰论辩》Ⅳ. 19. 43】

那些漫步派学者把我们认为必须根除的种种爆发不仅说成是自然的，甚至说成是自然有益的馈赠，对此，我们该如何评价呢？他们的说法如下：首先，他们对愤怒大为赞扬，说它是勇敢的砺石；说无论是对敌人还是对不良公民，愤怒者的攻击都要更为强有力；说那些认为进行这种斗争是正当的，应当为法律、为自由、为祖国而战的人，他们的论证软弱无力，若不是勇敢借助愤怒而大放异彩，上述那些就没有任何力量。他们讨论的也不仅仅是战斗中的军人。他们还认为，如果没有愤怒的某种冷酷性，就不存在任何严肃的军纪；他们轻视那样的演说家，不论在控诉中，还是在辩护中，都不感到愤怒的刺痛。他们认为，即使没有愤怒，也要借助语词和姿势扮演出来，以便演说家的行动能激起听众们的愤怒。他们认为不会发怒的似乎就不是个人；我们称之为温柔的东西，他们称之为有贬意的迟钝。他们并不仅仅赞扬这一种欲望——按照我的定义，愤怒也就是报复的欲望——，而且一般地说无论是欲望还是渴求，他们都称为最有用的，是自然的赠品，因为一个人不能很好完成自己所不欲求的事情。……他们说，痛苦也不无用处，它是大自然的有益安排，以便人们在遭受惩罚、责备、耻辱时为自己的过错感到痛苦。看来，罪过的赦免只给予那些毫无痛苦地承受羞辱的人：苦于良知的谴责更要好些。……据他们说，痛苦的其他一些方式也是有用的，例如怜悯为人们提供帮助，减轻那些无辜受难的人们的灾祸；甚至嫉妒、攀比也并非无用，因为这样可以看到自己没有达到别人所达到的同样水平。或者看到别人达到了自己所达到的同样水平。如果有人确实无所畏惧，那他就会失去人生的任何严肃性，而在那些畏惧法律、畏惧官长、畏惧贫困、畏惧羞辱、畏惧死亡、畏惧痛苦的人们那里，这种严肃态度是极强的。他们也承认上述那些东西是应予限制的，但既不可能完全根除，也无必要；在他们看

来，中庸在所有的事情上都是最好的。(R. 65)

【菲劳德谟《论愤怒》P. 65. 31—66】

正如前面就个人所指出的那样，至少漫步学派中有些人这样说，如果人们除掉了愤怒和脾气就完全失去了灵魂的动能，没有愤怒、不发脾气也就不存在惩罚和报复……如若没有愤怒就无法进行战斗，只有愤怒才使人们勇敢而不怯懦和后退，使人坚强地面对死亡。所以，只有愤怒才能产生对敌人的报复精神，它的存在是高贵的、公正的，无论对个人还是对公众都是有利的、使之快乐的。(R. 66)

【菲劳德谟《修辞术诸篇》2. 173】

一只野兔出现在猎犬群中是不能逃脱的，照亚里士多德的说法，任何被认为是可耻可鄙的东西也难以在人中长存。(R. 66)

5. 格吕洛斯篇或论修辞*

【第欧根尼·拉尔修 2. 6. 55】

亚里士多德说，人们对格吕洛斯写下大量的颂歌和悼词，部分是为了宽慰他的父亲。(R. 7)

---

* Grullos ee peri rhetorikees。

【昆提利安《论辩术准则》2. 17】

1. 因此，我们应该过渡到下面这个问题，即，究竟有没有修辞学这门艺术。至少，在那些传授语言规则的人们中间，没有人怀疑这一点。……但是，不仅斯多亚派哲学家，而且还有漫步学派的哲学家，大多数也都与他们一致。……4. 不过，在我看来，那些持相反意见的人与其说是他们真正了解那些东西，不如是愿意用讨论一个难题来锻炼自己那缺乏才能的天资。……5. 某些人认为修辞术是天生的。……7. 没有任何来自艺术的东西存在于艺术之先。……11. 不经学习就能做的事情并不属于艺术，然而，人们都在说话，却没学过说话。……14. 亚里士多德像通常那样，出自研究的愉悦，以他的某种纯真在《格吕洛斯篇》设计出一些证明，但他还撰写了关于修辞术的三卷著作。在其中的第一卷里，他不仅承认有这门艺术，而且像对待辩证法那样，把政治才能的一小部分归功于这门艺术。（R. 7）

【昆提利安《论辩术准则》3. 1. 13】

有许多人追随他们，但最著名的是高尔吉亚的学生中的伊索克拉底。虽然关于他的老师著作家们众说纷纭，莫衷一是，但我们宁可相信亚里士多德。（R. 8）

6. 耐林托斯篇*

【泰米斯提《谈话》295c—d】

这个人在那些可称业务中稍有接触之后，几乎都有相同的感受，如同哲学家阿克西奥塞亚，克提翁的芝诺以及科林斯农夫一样。阿克西奥塞亚，在读过一卷柏拉图的《国家篇》之后，就从阿索卡底亚移居到雅典聆听柏拉图讲课，很长一段时间没被发现是妇人，正如阿喀琉斯在吕康麦德斯那样。在科林斯农夫与高尔吉亚接近，不是高尔吉亚本人，而是柏拉图写下批判智者的对话，而放弃了他的农庄和葡萄园，全心全意地追随着柏拉图，成为种植与哺育柏拉图哲学的苗圃。亚里士多德在其科林斯对话中赞扬了这个人。芝诺的事情是人所共知的了，很多作者反复讲述，而苏格拉底的《申辩篇》把他从斐尼基带入了彩绘着的门厅斯多亚。(R. 24)

7. 智 者 篇**

【第欧根尼·拉尔修 8. 2. 57 (3)】

亚里士多德在《智者篇》里说，恩培多克勒首先发现了

* Nerinthos。

** Sophistees。

修辞术，而芝诺发现了辩证法。

【第欧根尼·拉尔修 8. 2. 63 (9)】

亚里士多德也说恩培多克勒生性自由，难于接受任何宰制，他放弃了所给予他的王位（如克萨诺斯在讲论他时所说的那样），无疑是由于选中了简单的生活。

【第欧根尼·拉尔修 9. 8. 54 (5)】

普罗泰戈拉当众宣读的第一本书是论神……是在雅典欧里德家中，或如别人所说在麦加克雷多家，另外一些人则认为是在苏刻欧家，他的学生，塞奥多图的儿子阿尔函高罗代他诵读，他为色吕色洛的儿子普索多罗斯所控告，然而亚里士多德却说原告是游阿泽芦。(R. 15)

8. 情 爱 篇*

【阿泰纽 564b】

亚里士多德说情人可以看到被爱者更多的、眼睛所看不到的温柔淑静的地方。(R. 91)

---

* Erotikos。

【普鲁塔克《坂洛匹达斯篇》18．4】

据说伊厄罗斯为赫枯勒斯所爱，但在和塞班人的战斗中，他却站他们那边投标枪。亚里士多德说甚至就在那个时候一对相恋的情人仍然在伊厄罗斯墓前海誓山盟。（R．24）

【普鲁塔克《道德论集》760e—761b】

我想，你会知道克来奥玛赫，这个法尔萨利人何以在战斗中导致阵亡的事情。……在与爱来特拉之战高潮时期，他参加了塞萨利军与哈尔克迪亚人为盟。哈尔克迪亚人认为他们的步兵是强大的，但艰难的任务乃是抗击敌人的马队。所以他的同盟者把克来奥玛赫召来，以他勇猛的威名来领导对马队的攻击。他询问正在身边的情人，他是否愿去观战。在这一青年愉快地接受了要求并点头称是时，克来奥玛赫勇气倍增，把最好的塞萨利人集拢在周围，进行出色的攻击，他们的勇敢使马队陷于混乱溃不成军。其结果，重装步兵也逃跑了。哈尔克迪亚人大获全胜，不过这时克来奥玛赫却被杀。哈尔克迪亚人把他的墓建在市场上，并且同时为此树立一个巨大的圆柱，为了表达对他们曾非难过的男孩的爱，从那时起他们给予他比其他人更多的奖赏和荣誉。然而，亚里士多德却说，克来奥玛赫之死，在战败爱来特里亚人之后，另有原因。这一所说的情人是个来自色雷斯的哈尔克迪亚人，他被派来协助优卑亚的哈尔克迪亚人，由此产生了一首哈尔克迪亚歌曲：“孩子，出自名门的希腊后裔，毫无吝惜

地将青春旋律献给善良事业，不惧肢断股残，英勇和爱的花朵，开遍了哈尔克迪亚各个城池。”（R. 39）

【阿尔-岱拉米《文集》图宾根·维斯威勒 81】

在某本古老的书里说，有一天亚里士多德的徒众聚集在他身边。亚里士多德对他们说：当他站在一个小丘上时看到一个青年，这个青年在坪坡之顶背诵诗句，它的意思是这样的：谁要因热恋而死，就让他这样来死，唯有死使爱情为善。然后他的学生尹索斯说：“那么，哲学家，请教导我们爱的真谛罢。”亚里士多德回答道：“爱情是生成在心中的一种冲动，它一旦生成就要运动和生长，最后臻于成熟。一旦成熟它就带来欲望的折磨，在恋人心灵深处激动在增加，他矢志不移，专心不懈，满怀希望。这把他带向性爱，加强了要求，于是陷入了愁苦和哀伤，无数的不眠之夜，无望的热情和沮丧，终于把心灵摧毁。”

9. 会 饮 篇*

【普鲁塔克《道德论集》612d—e】

那只要一杯在手万事皆休的做法，不但与酒席宴上交朋友的教导相背驰，而且那些最有发言权的哲学家们对此也有

---

* sumposion。

相反意见。不论柏拉图和克塞诺封，还是亚里士多德、斯潘西波、普鲁塔尼、赫隆尼莫以及学园的迪翁都认为把出自酣饮的那些话语记录下来是一番值得做的事业。(R. 8)

【马可罗毕《农神节》Ⅶ. 3. 23】

我劝你在各种各样的宴会上……或者提出问题，或者解决宴会上所提的问题。古代人如此不把这种事情视为娱乐，以致无论是亚里士多德还是普鲁塔克，还是你们的阿普雷佑，都写过一些论述宴会的东西。(R. 8)

【阿泰纽 178e—f】

荷马做一切事都准确无误，甚至在进餐前应该沐浴的小事也不遗漏，至少说过俄狄修斯在费阿克宫廷，管家直接要他在宴会前沐浴，还有泰莱玛赫的随从们要去洗刷浴盆并且沐浴。正如亚里士多德说，带着满身汗渍与尘土去赴宴是不礼貌的，按照赫拉克里的说法，一个高雅的人不应衣冠不整，也不应满身灰尘和污垢。(R. 9)

【阿泰纽 674e—675a】

萨福要献祭者带上花冠，这是众神所更喜爱之物。在《会饮篇》里，亚里士多德说不要把肢解的东西奉献给神，而要献完整的东西，带上花冠表示某个人所献之物是完整的。荷马说青年人以酒给杯盏加冠，神以话语给自己的美好加冠。说某些人的外形有些欠缺，他的意思是，言辞的华丽使他美了。花冠的作用似乎就是这样。所以人们往往采取相反的手段来排解忧伤，我们往往毁容来宣泄对亡人的情感，剪断自己的头发，扔掉自己的花环。(R. 9)

【阿泰纽 40c—d】

塞留克斯说古代的习惯，除敬神不许过度饮酒和寻求其他欢乐，正是为此使用“节日”(thoinee)、“过节”(thalia) 和“沉醉”(methuein)，第一是为了敬神 (theos) 而饮，第二是为了敬神相聚，由此荷马称之为丰富的节日，关于沉醉，亚里士多德说是饮用敬神后的酒 (to meta to thuein)。(R. 10)

【费洛《论植物》34. 141】

立法者对沉醉做出什么规定，以后我再详加叙说，现在考察一下别人在想些什么，一个为许多哲学家所争论的问题是这样提出的，智慧的人会喝酒吗？沉醉这个词要有两层含义，一个与饮酒过度等同，另一个是因多酒而变蠢。在对此问题持反对态度的人中，有人说有智慧的人既不会用太多烈酒，也不会变蠢……另一些人则声称尽管酒喝多了点，但不失为一个好人，而变蠢了就不可这样说了……古时候把酒既叫酒又叫酒精，至少在诗中如此，如若两者是对相同主体的不同名称，用此派生的词，只不过是不同声音……那么，说一个人喝多了酒，也等于说他喝醉了……我们曾提到过一个智慧的人也有醉时的论证；第二个论证如下……我的目的在于指出人们不再像古代人那样喝烈酒……我们的父辈以祭礼来开始一切美好的活动，并且认为这将带来最为有益的结果，因为他们是从祈祷和供奉开始的，即使这一活动的要求是迫切的，但仍然得等待，欲速则不达，他们认为缺乏预见的速度是有害的。好整以暇，则会一帆风顺，所以即使在娱乐中用酒也要多加注意。他们用烈酒时不满杯，不全时，而用量适当适得其时。他们首先祈祷、供奉，与神圣的事物相协调，用沐浴净化身体，用法律和正确教育的清泉涤荡灵魂，然后愉悦地回到了悠闲的生活，他们往往并不回家，继续留在庙宇献祭的地方，带着对祭祀的记忆和对圣地的敬意，以最合适的方式来过节，其言也慎，其行也谨。正是在这样形式下，才得到名副其实的沉醉，因为在习惯上我们的先辈在祭后才用酒。那么，我们所描写的那种方式饮用烈酒对谁比对智慧的人更为合适呢？对什么比这种宴饮之前的祭祀更为合适呢？因为有人可以说真正参加祭典的人没有一个坏人，尽管他并不能每日有机会把一千头牛送到祭坛前。因为对于必要的祭典来说，他的心灵是有污点的，一个有污点的人接触祭坛是为法律所不许的。这是第二个论证……第三个论证建立在对语源学所用的解释上。有人的想法是，沉醉之所以这样称呼不仅在于它在祭祀后才完成，还给人心带来宽慰。虽然一个愚人的思维能力灵活了，会加重他去做更多坏事，但是一个智慧而心境舒畅的人就能领悟其悠游自得。

一个智慧的人在用酒后会更加温良，远过于清醒，由此可以见得我们说他将酣醉并不为过。(R. 10—11)

【阿波郎尼乌《异闻篇》25】

亚里士多德在论沉醉中说，阿里斯人安得罗，尽管他吃下很多盐和干燥的食物，但在生活中不感口渴，也不喝水，此外，他还一连几次穿过沙漠朝拜阿芒，他只吃干麦片而不用液体食物。(R. 12)

【阿泰纽 641. d—e】

亚里士多德把酣饮称为第二张桌，他是这样说的，首先我们必须把甜食看作是和食物完全不同的东西，正如食品不同于古希腊把它作为尾食所称谓的佳肴，所以称第一位客为第二张桌是顺理成章的，甜食为附加的食品，上甜食是第二道菜。(R. 102)

【阿泰纽 641. b】

亚里士多德在论述沉醉的文章中说，我们的祖先把甜食叫做 tragema，它是额外的加餐。(R. 12)

【（朱利安）书信 391b—e】

无花果味美，而且容易消化，它有益于人，亚里士多德甚至把它叫做一切毒物的解毒剂，所以饮食中不但作为作料并且当作尾食。似乎它能包裹起食物的那些有害的部分而超过其他神圣的解毒剂。而无花果确实已奉献给了神，极其神圣地放在祭坛上，比弗兰克的味道更香。但我说的不是这个，任何一个知道他的用处的人，任何一个精于圣事的人都提出这种见解。(R. 12)

【阿泰纽 447. a—b】

亚里士多德在关于沉醉的著作中说，那些人饮用一种叫做 pinon 的麦酒后，就要仰面朝天，这种由大麦制出的酒有某种特点，饮用其他酒而酩酊大醉、躺卧有各种方向，向左、向右、朝上、朝下，而只是饮 pinon 后才向后躺，仰面朝天。(R. 13)

【阿泰纽 429c—d】

亚里士多德在他的《论沉醉》中说，把酒加热就降低酒力而不致醉，他继续说，老年人很快就醉，他身体之内的热降低了、减弱了。而年轻人的致醉速度则较缓慢，因为他体内的热力充沛。酒给他再加以热他就会被降服了。哑巴畜牲也是这样，猪用发酵过的葡萄来喂养就会醉，乌鸦和犬吃带酒的植物，猴子和大象喝了酒也是这样。人们就用这致醉的办法来捕捉大象和乌鸦，前者是用酒，后者用带酒的植物。(R. 13)

【普鲁塔克《道德论集》650. a】

弗罗洛斯很为不解的是，在论沉醉中，亚里士多德指出老年易醉，而妇人则较慢，但没有说明原因，一般说来他是不会忽略的。(R. 14)

【阿泰纽 464c—d】

在《论沉醉》中亚里士多德说，所谓的罗德杯是那些酒徒们自己制造出来的，它用没药和灯草，在加热之后使人醉得慢一些。制酒时要把水煮开，在这一切过程完成后，再在杯中倒入酒饮用就不易醉倒了。在其他地方他又说罗德杯是由没药、灯草、红花、凤仙、豆蔻、桂皮等物一起烧煮，它所制成的酒杯，酒一旦倒入其中，就可减轻酒力，所以它能控制人们的性交，由于精力被冷却了。(R. 14)

【阿泰纽 429f】

一杯被称为 samagorein 的酒与三夸脱水相混合，以亚里士多德推断可以醉倒 40 人。(R. 14)

【普鲁塔克《道德论集》651b—652a】

我想弄清楚酒是寒性的这种概念是怎样来的，我说，你想这是我们的观点吗？他说，那么这是谁的观点呢？我说，这事情发生还并不久，是在亚里士多德讨论这件事的时候。(R. 15)

10. 论财富*

【普鲁塔克《普劳匹达》3. 1】

正如亚里士多德所说，有些人由于吝啬而不使用他们的财富，另一些人由于挥霍而误用了财富，后者永远是享乐的奴隶，前者则受制于谨小慎微。(R. 56)

【普鲁塔克《普劳匹达》527a】

亚里士多德说，有些人不善用财富，有些人则误用财富，两者都是错误的，前者不能用他的所有做有益的事情，后者则因此而受害和蒙羞。(R. 56)

【西塞罗《论义务》2. 16. 56—57】

亚里士多德曾经多么严厉而又真诚地指责我们对哗众取宠而挥金如土的行为安之若素啊！何况，如果被敌人围困的人们被迫花 1 米那买杯水喝，这初听起来还会让我们觉得难以置信，所有的人都感到吃惊，但仔细想一想就要原谅他们乃是出于无奈。对这种巨大而又无限制的花费，没有什么值得我们大惊小怪的，尤其是因为由此既没有缓解急需，也没有抬高身分，众人的那种欢愉稍纵即逝，且是出自微不足道

* peri ploutou。

的东西，一经满足，就连享受的回忆也荡然无存。对此亚里士多德总结得好：这类事情只有儿童、妇人、奴隶和类似奴隶的自由人才感恩戴德，而有身分的、以严肃的判断权衡所发生事情的人，则决不会对此表示欣赏。（R. 56）

【菲劳德谟《论家政》21. 28—35】

麦托洛多证明，亚里士多德在《论财富》一书中曾加论述，指出善人也是善于聚财的人，而恶人不善于聚财。（R. 58）

11. 劝勉篇*

【《圣史》2. 97. 20—22】

我认为，M·图利乌斯·西塞罗在他所写的《霍尔滕西》中所用的论证并不是前所未闻的，而这些论证构成了《劝勉篇》的间架。（R. 26）

【诺尼乌394. 26—28】

M·图利乌斯·西塞罗在《霍尔滕西》中说：假如你读亚里士多德的著作，阐释他的思想甚至能使你精神振奋。（R. 26）

---

* protreptikos。

【乌尔提安·卡佩拉 5. 441】

《霍尔滕西》中曾讨论过对此问题是否可以进行哲学思考。(R. 26)

【斯托贝乌 4. 32. 21】

芝诺说，克拉底坐在鞋匠铺里朗读《劝勉篇》，这是亚里士多德为塞浦路斯君主塞米松所写的，书上说，没有比献身哲学更高尚的事业了；他拥有巨大的财富，为人所称羡。在他读的时候，那鞋匠一边掌鞋，一边听着，克拉底便说："费利斯科啊，我想把这一本《劝勉篇》献给你，因为献身哲学事业，你也比亚里士多德为他著书的那个人更有前途。"(R. 27)

【亚里山大·阿弗罗迪西亚《论题篇注》149. 9—17】

有一些我们可以作为依据来反驳各个所提出的命题的论点。譬如有人说作哲学思考是不必要的。那么，正如亚里士多德本人在《劝勉篇》中所指出，对我们应否进行哲学思考的探索也就是哲学思考，而对哲学问题的思辨也同样如此，这两者恰是为人所固有的特性，所提出的命题就彻底驳倒了。(R. 28)

【埃里阿斯《波尔费留注》3. 17—23】

我们也要和亚里士多德在《劝勉篇》里鼓励青年向往哲

学时所说的一样。他说道："如若是爱智慧的，就爱智慧，如若不是爱智慧的，也爱智慧。在所有的情况下，我们都要进行哲学思考。因为，如若哲学存在着，我们要进行哲学思考，正如它是存在着，如若哲学不存在，我们也要进行哲学思考以探索它为什么不存在，探索就是哲学存在的原因。(R. 28)

【达卫《导论》9. 2—12】

在一本劝勉性的著作里，劝说青年人走向哲学时，亚里士多德如是说："爱智慧的爱智慧，不爱智慧的也爱智慧，无时无地不在爱智慧"。这就是说，如若有人否认哲学存在，他就要提出证明来消灭哲学，如若他提出证明也就在进行哲学思考了，因为哲学是证明的母亲。如若他说哲学存在，也在进行哲学思考，因为他要提出论据，证明哲学存在。不论否定哲学存在，还是肯定哲学存在，都同样是进行哲学思考，两者都要提出证明，让自己的说法成为可信的，因为哲学是证明的生身母亲。(R. 28)

【拉克坦修《神圣准则》3. 16】

西塞罗讨论哲学的《霍尔滕西》以机智的总结结束；他说不进行哲学思考的时候，看来却还在进行哲学思考；因为讨论在生活中可以做什么或者不可以做什么正是哲学家的事情。推崇哲学的我们之所以没有这种曲解，乃是因为哲学是

人类思维的发明，而我们之所以维护智慧，乃是因为它是神圣的传统，我们证实自己必须从万有之中接受这一传统。(R. 28)

【帕普路斯·奥林库斯 666】

为了避免某种选择和行为，以解除人们的不幸，就不能把财富的获得作为幸福的基础，而是灵魂的奉献。所以可以这样说，一个身体的幸福不在于它的穿着华美而在于它的体魄健康，举止高尚，即使它没有华美的衣着。一个有教养的灵魂也是这样，这样的灵魂和这样的人之所以幸福，不在于外在华美包装，而在于内在价值。一匹生性恶劣的马，我们并不因为它带着黄金的嚼子和贵重的鞍韂，而说它有什么可贵之处，之所以称赞一匹马是由于它的良好性能。此外，一些无价值的人，得到了大量财产，而把财产看得高于善良灵魂，这就是最坏的品格。如果一个人比自己的仆人还卑贱就要为人所蔑视，同样那些把财富看得比本性更重要的人，也必须被认为是可怜的。俗语说，贪得则无厌，无节制获得使人愚陋。对一个在灵魂上品行不端的人，不论是财富，还是权力和美貌都不会成为有益的，对这些东西应有尽有，却只是缺少明智德性的人，所拥有的越多对其拥有者的损害就愈严重、愈经常。“不要把刀剑给予玩童”就意谓着“不要让坏人拥有财富”。人所共知，明智生成于学习，探索那些哲学引导我们去探索的东西。这样就是对智慧坚定的爱（philosopheteon)。(R. 29)

【扬布里可《劝勉篇》6. 37. 3—22】

那些资生之物，如身体以及与躯体相关的东西，都供为工具，它们的使用具有危险性，如若用之不当甚至产生相反的效应。如若我们想得到它们的良好效果，就必须求知，以掌握它们并正确地使用它们。所以，如若我们想做一个善良的公民，有效地度过自己的一生，就必须进行哲学思考。更进一步说，知识或科学是分门别类的，每一种都有益于生活。其中有一些是对它们的使用，有一些是进行管理，有一些是发号施令，其他则是遵命服从，只有那些最具指导性的，由于是权威而赋有善。如若这样，那么只有那作出正确判断、运用理性、思考整体善的科学，也就是哲学，才能按其本性来号令万物，使用万物。所以我们必须不遗余力地进行哲学思考，唯有哲学才能作出正确判断，保持生活明智。(R. 30)

【扬布里可《数学全书》26. 79. 1—81】

不论古代还是现代，人们对数学都持相反的意见。诽谤它是无用的，对人生全无帮助。有些人这样来攻击数学；如若学习数学的目的如哲学家们所说，是无用的，那么学习本身也就是徒劳之举。关于目的问题，人们几乎都一致认为是求得最大的确定。有些人说目的是关于不公正和公正、恶和善的知识，他们认为这像几何学一样是类似的科学。另一些则认为目的就是对自然及其真理方面的明智，这种明智是为阿那克萨戈拉和巴门尼德所引进的。在这里决不应忽略，一切善的和有用的东西都以对人生的效益和行动为基础，而不仅仅在于知道。我们并不因知道什么东西造成健康而健康，而在于把它们用于身体；我们并不因知道什么是财富而富有，而是占有许多实物。最为重要的是，我们要生活美好并不由于知道什么，而在于行动优良。这才是真正的吉星高照。哲学也是这样，如若它想有益于人生，就必须是对善良事物的行动，或者对这种行动有用的工具。而众所周知，不论哲学，还是以上所说的科学都不形成行动，至于它并不成为行动的有用工具，以下可以说明。在类似哲学的诸科学和由之而来的学说之间的差别就是最好的例证。就以几何学家以证明方式来考察的事物为例，我们就见不到这些人能做任何这类事情。土地丈量人能划分地产，他们可以凭经验来处理有关地区的产业，而那些自己只从事几何证明的人，虽然知道应该怎样做，却不会做。这同样适用于音乐以及其他知识与经验相背离的科学。因为那些研究和声的证明和推理的人，和哲学家一样，仅习于思辨而与实践无缘。如若碰巧对这些事情有一实践机会，他们在知道证明时就立即动手，但不出所料，把活干得一塌糊涂。在另一方面，那些虽不懂得理论，但由训练而技艺精巧并主意恰切的人，在实践的目标上却完全是高明的。在天象学的问题上也同样，太阳、月亮和各个星宿，那些只讲理论的人，对有益于人的事毫无所知，而那懂得人们所谓航海术的人，却能预测暴雨和巨风以及许多其他现象。所以，这类学科在实践目标上是无用的，如若它们在正确活动中束手无策，那么所谓的博学也就与最大的善相距甚远了。

对这些反对言论，我们的回答是数理科学存在着，并且是可以掌握的。（R. 30—32）

【扬布里可《劝勉篇》6. 37. 26—41】

更进一步说，既然可能的东西和方便的东西为人人所选择，这两者就必然寓于哲学之中。而且那难于取得的东西就不那么便利，所以我们总是对那容易的东西更为喜欢。不难看出，那些有关公正和效益的科学是我们所能取得的，而有关自然和其他真实事物的科学也是这样。在先的东西比在后的东西更易知，本性较好的东西比较坏的东西更易知。因为知识总是与有限和有序的事物相关，而不是与之相反的东西，更多的是对原因而不是对结果。而良好的东西比恶劣的东西更为有限和有序，好人比恶人更为有限和有序，在这里它们之间的差别必然是相同的。同时，在先的东西较在后的东西更是原因，因为如若前面的东西被取消了，随之而有的东西不能再有，这正如数之于线，线之于面，面之于体，正如字母之于音节，音节由字母组成，所以叫做 sullabee，拼在一起的东西，如若字母取消，音节也不复存在。同时灵魂比身体更好，因为它更具有主宰的本性，相关于身体的学科是存在的，如医疗和体育(我们把它们当作科学并且说它们为一些人所掌握，所以很显然也存在着关于灵魂本性的关照和技艺，我们可以掌握它，既然我们对那么多知之无多、识之也难的东西，都能够这样做。关于自然也是这样，对原因和元素的知识比那些由之派生而来的东西更为必要。因为在后的东西不是始点或本原，始点不是来自它们，而其他的东西显然出于最初的东西或由它们构成。不论是火，还是气或数目，还是其他本性，它们都是原因而先于其他东西。如若我们于它们无所知，就不能认得其他任何东西。如一个人不识音节，怎能辨认语言呢？如若不认识字母，对音节也同样无知。

让我们再谈一谈对自然和灵魂的知识，我们怎样获得它们。而从这里可以明白，它是一切善的事物中最大的，一切有益的事物中最有益的。人所共知，最高贵的和本性最坚强的人应该治理，而唯有法律才是最具权威的治理。而法律就是一种明智，是出之于明智的，形之于语言的道理（logos)。除了一个明智的人而外，还有什么准则、什么决断、什么对我们为善的东西呢？这样一个人的选择是按其所知为善的东西，它们的相反者是恶。既然所有人都按自己的品格来选择，公正的人选择公正的生活，勇敢的人勇敢地生活，谦恭的人谦恭地生活，那么很清楚一个明智的人高于一切地要去选择明智的思想，这是他能力的运用。那么，按照最权威的判断，在诸善之中明智是最高的，也是同样明白的。如若这样，那么就用不着逃避哲学，正如我们所认为的，哲学就是智慧的获得和运用，而智慧是最高的善。如若为了到达我们驶向的目的，在航程中须冒很大风险，为了对明智的求索也将无所畏惧勇往直前。只有奴隶才活着而不求美好的生活，只去跟随众人的意见，而不想众人跟随他自己，为了求索高贵的东西而不惜任何代价。

关于事物的效益和伟大，我想应作出充分的证明。对智慧比对其他东西的求索更善良些、容易些，从下面的论证即可信服。进行哲学思考的人并不从鼓励他们从事这一事业的人那里得到奖赏。人们在其他门类的科学上花费很大，但在哲学上不长时间所得到的进步就超过其他技术，在我看来这就是哲学更容易些的标志。同时，所有的人都感到他对哲学亲如家人，甘愿抛却其他杂务而献身哲学，这足以表明这是快乐的事业，因为无人愿长期忍受苦难。这一活动最大优越处还在于，它既不需工具，也不需场地，不论何时何地，只要一个人思想开始活动，真理便从四面八方向他涌来。

这样就证明了哲学是可能的，它是最高的善并且容易获得，总而言之，我们应竭尽全力来抓住它。(R. 32—34)

【普罗科洛《欧几里得注》28. 13—22】

对于数理科学是为其自身而选择，这在广大群众那里是清楚的。正如亚里士多德在某处，根据献身数学的人虽然得不到奖励，但仍尽心尽力进展迅速的事实，同时根据有的人对事物所得经验虽然不多，却专心致志投身数学而不顾及其

他这个事实，断言过那些轻视数学知识的人，永远尝不到这种乐趣一样。（R. 34）

【扬布里可《劝勉篇》7. 41. 15—43. 25】

在我们中一部分是灵魂，一部分是肉体，前者是主宰者，后者是被主宰者，前者使用，后者则作为工具。所以，永远是处于主宰和被主宰、使用和被使用的工具的关系之中。在灵魂中，理性（logos）按其本性进行主宰并对我们的事务作出决断，另一部分服从，按其本性听令行事。任何事物都是按各自的固有德性良好地安排着，因此合乎自然的德性就是善。当这主要的、最高权威、最大荣耀的部分拥有其固有德性的时候，事物就得到良好的安排。所以按本性更好的东西的自然德性是更好的。正如人对其他动物一样，那按其本性有更高权威的、更能号令的就是更好的，所以灵魂比肉体更好是因为它更有权威。就灵魂而言，就是具有理性并能思想的，因为它令行禁止，告诉我们什么应该做，什么不应该做。如果说什么是德性，就必是这部分的德性，一般说来对一切事物，特殊说来对我们自己。它是最高贵的，我认为人们可以如此主张，这一部分或者是唯一的，或者是高于其他的，它是我们自身（hemeis esmen）。更进一步说，一个东西的功业达到它所存在的最高方式，不是就偶性而言，而是就其自身而言，那么，就可以说，这个东西是善的，那么每一事物以其达到这种结果的德性，就必须说是它的最高德性。那可以分解为部分的组合物，有着各种不同的活动，但是，那种在本性上单纯，并非因与他物相关而存在的东西，就必然有其自身所固有的德性。如若人是单纯动物，按照理性与理智（nous）而存在，除了获得最确切的真理，即关于存在或真实的真理之外，别无功能；但如若它由各种功能所组成，那么它所固有的功业，就是它所取得的各种成果中的最好成果；健康是医生的固有功业，安全是航行的固有功业。除真理之外，我们说不出什么是思想和是思维着的灵魂的功业。所以真理是这部分灵魂的最高功业。这一功业由于知识而作成，或者更是由那种知识完满者而作成，所以它的最高目的就是思辨，它是无上的主宰。当两件东西其中之一因其他而值得选择时，后者就更好些，更值得选择些，如快乐与可爱的东西相比，健康与保健物品相比，因为据说后者造成了前者。经过相互比较，再没有什么比我们当作最高功能的思想更为高贵的了。因为灵魂的能知部分，不论就其本身而论，还是与其他部分相比而论，都是较好的，它的德性就是知识。从而没有任何特殊德性可以成为它的功业，因为它比其他所有的都好些，因为所造成的结果总比造成如此结果的知识更好。而且并非灵魂每一德性都是这样作成的功业，幸福也不是。如若一种德性是被制作出来的，那它将是与自身不同的结果，例如建筑术造成一所房屋但不是房屋的部分，但明智却是德性的部分，也是幸福的部分。因为我们说幸福出于明智，或就是明智。按照这种道理，那么知识就不能是被创制的了，因结果总好于那种造成它的东西，但没有什么具有名目的东西比明智更好些，但这些东西没有一个不同于明智的产物。所以，我们必须说，知识是某种思辨，因为作为结果或目的它不能是制作过程。所以思索（phronein）与思辨都是德性的功业，在一切事物中这是对人最有价值的，在我看来正如视觉之于双目。谁都想要视觉，尽管除视觉之外它并不作成其他结果。（R. 35—36）

【扬布里可《劝勉篇》7. 43. 25—45】

如若我们为视觉自身而爱视觉，这就充分证明我们爱思索爱认知胜于一切。如若我们所爱的东西，是由于具有某种特性，那么显然特性更好，就是更为我们所需求的，例如，一个人散步是因为散步益于健康，但当他知道跑步对他的健康更为有益，而又能做到的话，那么就宁去跑步而不散步。所以真实的意见也与知识相似，由于真实的意见就存在而论也是值得选择的，如像知识就其存在之真实而值得选择，但如若知识更为真实些，那么它就比真意见更值得选择。不过生命与无生物的区别在于感性知觉，生命的特性有了它并具这样能力，如若除掉这一些，生命也就不值得活着了，那样，生命就好像以失去感性知觉为特性了。感性知觉的一种，观看的能力，以最清楚为特性，正因如此我们喜爱它胜于其他感觉，不过任何一种感觉都是通过身体而得到知识，如通过两耳而听声音。如若生命因知觉而值得选择，而知觉就是一种知，我们所以选择它，乃由于灵魂通过它而有知。如前所说，有两样东西更充分地具有可选择性而经常为人所选择，而视觉则最有价值，更为荣耀，但明智比它更受重视，明智在一切感觉以至生命自身之上，它能更强有力地把握真理，所以一切人都极为强烈地追求思索。因为人们对生命的追求就是对思索和认识的追求，他们重视生命正是由于感觉，特别是视觉，他们对这种功能爱得更甚，只是因为，与其他感觉相比它是一种知识。（R. 36—37）

【西塞罗《土斯库兰论辩》3. 28. 69】

因此，亚里士多德指责古代哲学家们，说他们认为哲学是借助自己的才华得到完善的。他断言，他们不是极其愚蠢，就是极其自负；而他自己认为，哲学既然不几年就有大的发展，那么在很短的时间内就将会近乎完善。（R. 37）

【扬布里可《数学全书》26（83. 6—22）】

关于真理确定性的研究，在所有的研究中被公认为最年轻的。自从大洪水之后，人们被迫首先思考食物和生命的保全。在他生活得宽裕些之后，才从事那些可以造成快乐的工艺、音乐以及诸如此类。只在他们生活必需品更加丰富之后，才开始有闲情进行哲学思考。那些献身几何、计算及其他教导的从一个很低的起点在不久的时间里所取得的进步，没有其他种族在技术上所能及。同时，在所有人都在设法提高技术、给予公众荣誉、奖励艺术家的时候，我们不但不鼓励数学家，甚至给他设置重重障碍。然而这些研究还是进步很大，因为它在生成上虽然在后，但它在本质上、完满上却在先。（R. 37—38）

【扬布里可《劝勉篇》8（45. 4—47）】

一个不错的机会指出，下面所说的观点来自人所共有的意见、人所共知的现象。

不容置疑的是，无人愿拥有巨大财富和权力却被剥夺了思考，去过一种疯狂的生活。甚至没有人喜爱那种最为巨大的狂欢，如像某些疯人那样。看起来，似乎没有人愿意过神经错乱的、呆傻的生活。与错乱和呆傻相反的是明智与慎思。在一对相反者中，一者是要避免的，一者是要选择的。正如要避免疾病，选择健康一样。按照这个道理，同时也是众所认同的意见，似乎在一切事物中明智和慎思是被最先选择的东西，而不是由于它所带来的后果。因为，尽管一个人具备了一切，但思想的部分如果受到损坏或有了疾病，其他良好的东西对他都是无益的。所以，人们意识到自己在思考，尝到思考的味道，其他东西对他们都无足轻重了。正因为如此，我们没有人愿长醉不醒，或一生如儿童。也正是因为如此，尽管睡眠是件快乐的事，还是没人愿长睡不起，因为睡眠中幻象是虚假的，在清醒生活中表象才是真实的。睡眠和清醒并无不同，只是在清醒的时候，灵魂经常得知真实，而在睡眠中则受到欺骗，因梦中的东西全都是影像和虚假。

同时，大多数人逃避死亡，这足以证明灵魂是爱学习的。因为它在避开所不知的东西，避开黑暗和混沌，而自然地追求清晰和可知。我们要极高地尊崇太阳和光明、父亲和母亲，是由于他们是最高善的原因，似乎也就是思考和观看的原因。因为同样的原因我们对熟悉的人和物感到愉快，我们称呼这些人为亲爱的。这些事实清楚表明，那些可知的、明显的、清楚的东西都是可爱的。如若可爱的东西是可知的和清楚的，那么认知和思考对我们也就同样是必然的了。

同时，这也和财物一样，提供生活与提供幸福的生活并非同样的，在思考方面，我想仅仅活着以及美好地活着也是不相同的。大多数人所做之事都可以得到谅解，在他祈求幸福的时候却仅满足于生活。除非一个人在想，不管怎样只要活着就好，不去为获得明智与认知真实而竭尽心力。（R. 38—39）

【扬布里可《劝勉篇》8（47．5—21）】

如若一个人明白地观察人生，从以下事实他就可以知晓。人们可以发现，他们认作伟大的东西不过是一幅漫画而已，所以人本虚无，人事无常的说法是对的。权威、力量与美好不过是笑料，而所谓美不过由于不曾确切地观看事物，似乎是美而已。如若一个人看东西清楚得如像所说的林叩斯（Lugkeos）那样，穿墙透树，当他看到自己是用什么蹩脚材料造成的时，谁能想象他会再忍心去看呢？人人都在争名夺位，实在愚不可及。一个把所谓转瞬即逝的东西当作永恒，而且为此碌碌终生的人，似乎并不聪明。在为人所有的事物中，哪一样是经久不变的呢？在我看来，正是由于我们的软弱和短暂，所以甚至把这样的东西看成是大的。（R. 39—40）

【波埃修《哲学的慰藉》3. 8】

假如真像亚里士多德所说的那样，人们使用林叩斯的眼睛，以至其目光能够透过障碍物，那么，由于看到了内脏，阿尔基比亚德那外表极美的身体不就会显得极丑吗？你自身的状况也是一样，正是由于观看的眼睛视觉衰弱，才使你看起来似乎是美丽的。再思考一下，当你知道你所称羡的那身体的优美会被轻度的隔日热所摧毁，那种狂热追求会有什么意义呢？（R. 40）

【西塞罗《土斯库兰论辩》1. 39. 94】

据亚里士多德说，在从欧洲部分流入海洋的希帕尼斯河畔有一些只能生存一天的小动物。在它们中间，八点钟死掉的就不算夭折，日落时死掉的就是高寿了，特别在仲夏季节。把我们最长的寿命与永恒对比，其实我们的一生与那些小动物差不多同样短暂。（R. 40）

【塞涅卡《论生命的短暂》1. 2】

亚里士多德由此出发抱怨万物本性不合乎有智慧的人。他说，万物的本性如此不合理地优惠动物，让它们存活五或十代之久，却让生来作出如此众多和巨大成就之人面临短促的界限。(R. 40)

【扬布里可《劝勉篇》8 (47. 21—48)】

就这样事实看，我们哪个人能认为自己幸福和享有至福呢？首先，如秘教真言所说，人出生就是为了受罪。因为自古传下的神谕说灵魂要赎罪，我们的生活就为了大罪而受惩罚。身体和灵魂看来在很大程度上是如此才结合起来的。正如在图来尼亚，据说人们为惩罚俘虏，把他们和活人面对面捆在一起，而灵魂似乎也是这样，它伸展着，紧密地与肉身的全部有感觉的肢体粘连在一起。(R. 41)

【奥古斯丁《驳朱利安的佩拉修主义》4. 15. 78】

西塞罗在对话《霍尔滕西》最后部分所提到的那些人，对人生所持的观点与你相比是多么正确，多么接近真理啊！它们好像是出于本身显而易见的事实，令人不得不接受。当他谈到我们所见并为人生的空虚和不幸而悲叹时，他说：由人生的这些失误和痛苦可知，古人（或者是先知，或者是圣典上的神谕的诠释者）说我们乃是为前世所犯罪孽赎罪而生的。他们有时似乎也看出了些什么。亚里士多德的那种说法也是对的。他说，我们被惩罚，就好像是以前落入埃特鲁里亚强盗手中被他们发明的酷刑处死的人们那样；他们的身体被死活搭配、面对面尽可能紧地捆绑在一起；我们的灵魂被与身体结合起来，也就像活人与死人捆绑在一起那样。(R. 41)

【扬布里可《劝勉篇》8 (48. 9—21)】

人们享受不到神性与至福，唯有在我们之中的理智与思考或明智（phronesis)，这似乎是我们所有的不朽的东西，唯一神圣的东西。由于赋有了这种功能，生活虽然本性不幸与艰难，但与其他动物相比，唯有人被巧妙地与神安排在一起。正如赫尔蒙提莫或阿那克萨戈拉所说的，“理智或心灵是在我们之中的神”或“有死生命所具有的神圣部分”。所以，我们应该或者进行哲学思考，或者离开这里，向生命告别，其他的一切事情都是无意义和愚蠢的。(R. 42)

【西塞罗《论目的》2. 13. 39—40】

首先（我认为是必须剔除的观点）是阿里斯底波和全体昔兰尼学派的，他们不怕把为极大的愉悦打动的感官的享受称作最高的善；他们不关心有没有痛苦；他们看不到，就像马生来是为了奔跑、牛生来是为了耕田、狗生来是为了追捕一样，人则如亚里士多德所说，仿佛是尘世间的神，生来是为了两件事，即理解和行动。(R. 42)

【奥古斯丁《论三位一体》14. 19. 26】

西塞罗在他的对话《霍尔滕西》的末尾……赞许这种静观的思辨智慧。他说，对我们这些生活在哲学里面的人来说，重大的希望就是：或者，如果我们用来感觉和理解的那种东西是有死的、短暂的，那么死亡仿佛是生命的休止使我们感到愉悦；或者，如果像古代那些更为著名的哲学家们所认为的那样，我们拥有永恒的、神性的灵魂，那么就可以断定，灵魂越是始终保持在其轨道上，即保持在思索和探索的热望中，越是不沉溺和陷入人的缺陷与失误，它上升和返回到天国就越容易。随后，他附加了这样一个结论，以回溯的方式结束了自己的谈话。为了最后完成他的发言，他说：因此，无论我们想在过完这种囚禁生活之后平静地逝去，还是想毫不迟疑地迁徙到另一个更为美好的家园，我们都必须把自己的努力和关切用在这些追求上。(R. 42—43)

【扬布里可《劝勉篇》9 (49. 3—52)】

诸种生成的事物中，有些是出于思想和技术，例如房屋和船只（两者的原因都是技术和思想）；另一些则不是出于技术而是自然。自然是动物和植物的原因，所有这些东西都是由自然生成。但是也有某些东西是由偶然而生成。因为这些东西的生成，大多数既非由于技术，也非由于自然和必然，所以我们说它们的生成出于偶然。而那些偶然生成的东西，既不是为了什么，也没有一个目的。而那些由技术而生成的东西都是有目的和有所为的（因为有一个有技术的人会告诉你他所以写作的道理，以及为什么而这样做），这一目的优于那为其生成的东西。我说的那些虽以技术为原因，但却是由于自身的本性，而不是由于偶然；所以把医疗术确切地说成造成健康的技术，而不是造成疾病的技术，把建筑术说成建造房屋的技术，而不是拆毁房屋的技术。凡是由技术而生成的东西都有所为，所为的东西就是其最佳目的，由偶然或机遇而生成的东西并不是为了什么，由机遇而生成的东西有的也是好的，但就机遇而言，作为一种偶然结果则无所谓善，出自机遇的东西都是无定规的。但由于自然的东西却为着一个目的才生成，它带着一个比技术生成物更好的目的。不是自然摹仿技术，反之，是技术摹仿自然。技术是为帮助自然补充自然而存在。似乎有一些事情没有帮助自然自身就做不成，另一些事情它做起来很困难或完全不能做。生育就是一个最明显的例子，某些种子不须护理即可随处生长，另一些则需农业技术的照料。动物也是如此，有一些凭自身就可自然长成，人类不论在出生之时还是出生之后都需许多人工技术才得以保全。如若技术摹仿自然，那么技术也就要如自然那样，一切产品只要是正确地产出，就要为着一个目的。美好的生成就是正确的生成，凡是由于自然而生成或已生成的东西其生成都是美好的，反乎自然的是丑恶同时也反乎合乎自然的东西。所以自然生成是为着一个目的。从我们身体的任何部分都证实这点，如若对眼睑仔细想一想，你就会看到它不是枉然（ou mateen）生成的，而是为了保护双眼，让它们得到休息，为它们遮挡下落的东西。为了某个目的而生成也就是为此目的而应该生成。如若为了渡海而造一条船是正确的，那么它就是为此而生成。或者全部动物的生成都是合乎自然的，或者其中最高贵的，最可敬的才是如此。然而，如若有人说大多数动物生成反乎自然，只有破坏和捣乱，这也没有什么两样。而在世上所有动物之中只有人是最可敬的，所以它是出于自然并合乎自然的。而自然和神就是让我们为求知而生。当毕达戈拉斯被问到目的是什么的时候，他说"观察天象"，他还经常说，他是一个自然的观察者，他正是为此而生。人们说，当阿那克萨戈拉被问到应当以什么为生成和生活的目的时，他回答说："观察诸天，以及其中的星辰和日月，此外的一切全无价值。"进一步说，如若目的永远优于事物（由于凡是生成的东西都为着目的，它优于生成者，是一切事物中最好的），同时，如若在生成的不断过程中最后完成的就是自然的目的，那么就不难看出我们身体的各部分是在先完成，而灵魂的各部分在后，人们也可以说，较善事物的完成永远后于其生成。所以，灵魂后于身体，而明智在灵魂的诸功能中是最后的，它是自然为人而生成的最后的功能。这就是在诸善中老年对此特别情有独钟的原因，所以在本性上某种明智就是我们的目的，我们就为此最后的活动的进行而生成。既然我们是为此活动和学习而生成，那么它就是我们存在的目的。毕达戈拉斯说得好，神是为了认知和观察而造成人的。而所知的到底是什么，是世界呢，还是别的什么，待以后再说。我们对第一个结论已充分说明了，因为，如若明智是自然目的，那理智的活动就是一切活动的最高善。所以其他我们所该做的事情，都是为了其自身生而为善的东西。在这里身体必须为了灵魂，德性必须是为了理智，因为它是最高的善。（R. 43—45）

【奥古斯丁《论三位一体》XIV. 9. 12】

西塞罗在他的对话《霍尔滕西》中说，如果允许我们离开现世，像传说的那样在幸福之岛上过一种不死的生活，那么，由于不会发生任何诉讼，我们还需要什么辩才，甚至那些德性呢？因为如果我们没有打算劳作或者没有危险，也就不必表现勇敢；如果不贪求属于他人的东西，也就不必表现公正，也就不必表现出节制来约束那些要不得的欲望；如果不打算分辨善与恶，也就不必表现明智。因此，只要有对自然的认识和科学，我们就可以是幸福的了；也只是由于它们，众神的生活才是值得颂扬的。由此可见，其他的都是出自必要，唯有这才是出自意愿。所以，当那位伟大的演说家追忆并清晰、动人地解释他从哲学家们那里得知的东西、赞美哲学的时候，他说，唯有在我们看到的这种充满了忧患和失误的生活中，所有那四种德性才是必要的。（R. 45—46）

【扬布里可《劝勉篇》9（52. 16—54）】

要在一切知识之外寻找另外的效果，去要求知识应该有用，这是由于对善良东西和必需东西的根本区别完全无知。它们是两极对立的。那些一旦缺乏即不能生活和为了另外的东西而被爱的东西我们称为必需，而那些由于自身而被爱，即或没有任何效应相伴随的东西才是严格意义上的、主导的善（agatha kurioos）。不是为其自身而被选择，而是为着别的什么东西，这样无限地走下去，但总要停在某个地方。所以，对每样东西都要有一个在其自身之外的效益，去问我们会得到什么？它有什么用处？完全是荒唐的。实在说来，在我们看来，这样的人似乎并不知道什么是高贵和善良，不知道原因和条件的区别。如若一个人能在思想上进入至福的宝岛，就会见到我们所说的最高真理了。在那里无所匮乏，不求利得，所余的唯有思维和思辨，即使现在这仍被认为是自由的生活。如若这个比喻是真的，如若有人有机会生活在这至福岛上，却由于自身失误而不能如此，不是很令人惭愧吗？知识给人们所带来的奖赏是不可轻视的，从它而来的好处是不可低估的。正如诗人中那些圣贤所说，我们从冥府所得的礼物是公正，同样，从至福之岛所得的是明智。所以，无须奇怪，如若明智并不把自身表现为用处或效益，我们就不称之为利而是善，只是为其自身而不是其他而选择它。正如我们是为着观看自身而至奥林匹亚，而不管是否由此得到什么（因为观看自身价值大于财富）。正如不是为从演员们那里得到什么而去参加狄俄尼索（实际上我们要向他们付钱），其他的许多观看也更胜于多得财富，对世界的思辨和考察也比那些认为有用的东西更受尊敬。为了观赏自身，似乎对那些摹仿妇人和奴隶的男子以及战斗和毁灭的场面不必带有太多的痛苦，也不要以为，似乎对事物本性和真理的观察没有报酬。（R. 46—47）

【扬布里可《劝勉篇》10（54. 10—56）】

思辨的理智（phronesis）也给人们生活带来很大的利益，这从各门技术中容易找到。所有的高明医生和体育能手对自然都必须富于经验，同样也必须承认好的立法者比前者更需要有对自然的经验。因为前者不过是身体德性的创造者，而那些关注灵魂德性，对城邦幸运和厄运进行教导的人，更加需要哲学。正如在机械技术上最好的工具借于自然（例如木工的墨线、直尺、璇床都受到了水的平面和光的直线的启示，正是借助于它们才对平直和光滑有了充分的感觉），政治家们也借助自然和真实的一定界限，来断定什么是公正、适当和美好。正如工具超越于其他东西一样，最与自然相一致的法律也是最高的善。他不进行哲学思考和学习真理就不能做这种事情。在其他各种技术中，人们并不是从原型自身取得他们的工具和最确切的计算，从而能获得导向知识的东西，而是从第二手以至第三手的复制品而获得这些东西，或者是从远处，并且借助于他们对经验的推想。只有哲学家才能摹仿那些确切的原型，他是原型的观察者而不是复制品的观察者。所以，一个人不是个好的建筑家，不使用直尺和其他工具，而只是把他自己的房屋和其他那些建起来的房屋相比较。倘若只摹仿其他人的行为或其他城邦的法制，无论是斯巴达的，还是克里特以及任何城邦的，他就不是个好立法者和有德性的人。因为，对不美好东西的摹仿不可能是美好的，对本性上不持久、非神圣的东西的摹仿不可能不朽和经久。这就很清楚，在立法者中只有哲学家的法是经久不变的，在行为中只有哲学家的行为是正确和高尚的。因为，唯有他依自然而生活，以神性事物而生活，像个优秀的舵手一样把生活导向永恒不变的东西，是自己的主人。这样的知识当然是思辨的，但它使我们来按照它规范自己的全部行为。正如视觉不能做成和创生任何东西（因为它唯一的作用是辨别和呈现我们所能看到的东西），但它使我们按照它的指向而行动，为我们的行动提供最大的帮助（因为如果失去视觉即几乎完全不能活动），这就很清楚，知识虽然是思辨的、静观的，但按照它我们就可以做大量事情，选择某些行为而避免另一些，总而言之，其结果是获得我们所拥有的全部的善。（R. 47—49）

【扬布里可《劝勉篇》11（56. 13—59）】

从以下所说就可明白，那些按照理智生活的人生活得最为快乐。看起来“生命”这个词有双重意义，一者就潜能而言，一者就实现而言。我们说看，或者是指动物有视觉并且生来是能看的，尽管恰巧闭上眼睛；或者是指那些动物正在运用这种官能而确在看什么东西。知识与知道也是这样，有时是思辨活动着，这是功能的使用，有时是具有这种能力并且有知识。从而如若我们以有无感觉来区别生命和无生命，那么生命也有两种意义。一则是对感觉的实际使用，另者则表示能够使用它们（也许正因为如此，我们甚至说一个睡着了的人有感觉）。所以，很明显生命有两种相应的意义，一个醒着的人在真实和根本的意义上说活着，一个睡着了的人说活着，因为他能够醒来，作为一个醒着的人而活动和感觉。正是在这种意义上我们把他当作有生命的。当两样东西有着同一名称的时候，其中的一个被这样称呼是由于动作，或者是承受，我们根据这种区别而加以称谓。我们更愿意对一个使用知识的人来用知识这个词，而不是对具有知识的人，对一个使用视觉的人用观看这个词，而不是对仅仅有能力这样做的人。因为我们说事物更为如何，不仅是就赋有同一原则（logos）的属性多少而言，还在于是在先还是在后，例如我们说健康较健全为好，在本性值得选择的东西比具此作用的东西为好。当然我们看得出，断定效用与德性何者为善，并不取决于称谓两者所是的原则。所以应该说醒着的比睡着的生命更多，活动着的灵魂比只具有而不活动的生命更多，因为我们所说活着的东西，既是前者又是后者，一个是动作，一个以前一方式承受。所以所有东西的活动，都是潜能的现实，如若只有一个方面，当某者正是这样行动时就是现实了；如若方面有许多，那么只有那最好的才是现实。正如吹笛一样，有的人仅能吹响，有的人在认真吹的时候，就吹得很好。也许正是根据这种差别，在其他人使用笛子时被称为会用或不会用。所以，应该说正确的使用才是最好的使用，一个人使用得良好而确切才合乎使用的本性。灵魂的功业就是单独地或对所有事物的思维和推理。任何人都不能简单地推断，一个人正确地思维着他就比别人更多地生活着，而达到了最高真理的人也就最好地生活着。那慎思着和明辨着的人就是这样的人。只有这些人才是生活完满、至于终极的人，这些人慎思着并且是慎思的。如若生命对一切动物同样都是存在自身，那么慎思者（phronimos）在一切之中就是最大的、至高的，特别在他进行着活动，思辨着一切事物中最可知的东西的时候。进一步说完全和不懈的活动自身就包含着快乐，所以思辨活动必定是一切活动中最快乐的。更进一步说，饮酒自愉和好饮两者是有区别的，因为一个人完全可以既不渴也没有喝而感到快乐；也可以在饮酒时快乐，但不是由于喝酒，而是因为他坐在那里恰巧看到了什么东西或者是被看到了。因此，我们可以说这个人自得其乐，或者饮以自愉，既非由于他在喝，也非因他乐于喝。对步行、坐下、学习以及任何活动我们都可以这样说，这些活动是快乐或痛苦的，并不是由于这些活动的出现我们恰巧快乐或痛苦，而是由于我们所有的人都因它们的出现而感到快乐或痛苦。同样，我们将称这为快乐的生活，它们出现时使人感到快乐，但并不是所有享受生活的人都称得上生活快乐，而只有把生活自身当成快乐，而享受来自生活的快乐的人，才称得上是生活快乐。这样我说醒着的人比睡着的更多地生活，说思想着的而不是无思想者更多地生活，我们说快乐生活，其快乐是从灵魂运用中来的，这才是真实的生活。如若灵魂的运用不是一种，那么思想就是最佳可能运用中的主要运用。所以，快乐显然来于思维和思辨，这是唯一的或最主要的生活快乐。所以快乐和享乐实际上只能为哲学家或其大多数所有。因为来自最真实存在的最真思想的活动，能够最牢固持久地保持所获的完满，在一切活动中它是最大乐趣的生成者。所以，就为了享受真实良好的快乐，一个有理智的人也应该进行哲学思考。(R. 49—51)

【扬布里可《劝勉篇》12 (59. 19—60)】

如若我们的结论不应是从部分幸福推论出来的，而是上升到幸福整体，就要明确地说哲学思考是有关于幸福的，所以我们对任何善与恶的所得都与此相关。因为任何值得为一切人所选择的东西的存在或者以它为目标，或者以它为来源，那些给我们带来幸福的东西中，有的是必需，有的是可喜。那么，我们把幸福或者当作明智，即某种智慧，或者当作德性，或者当作最好的愉悦，或者所有这些在一起，如若是明智，那么，很明白只有哲学家们才过着幸福生活，如若是灵魂的德性或愉悦，那么，同样只属于他们或其绝大多数。因为德性在我是最主要的，在一切事物之中唯独慎思（phronesis）是最大的快乐。如若有人说幸福是所有这些在一起，也同样应把它定义为慎思或明智。所以，一切有能力的都应作哲学思考，因为这才是完满的美好生活，或者在一切单一事物中这才是灵魂美好生活的真正原因。在这世界上，似乎由于我们这个物种的生活违背自然，所以学习和观察都很艰难，唯一能有的只是感觉，过着笨拙和违背自然的生活。不过如若我们能逃回自己所来的地方，那么很清楚，我们将更愉快更容易地做这些事情。（R. 51—52）

【阿泰纽 335f】

阿那库达拉克塞的儿子萨达纳巴享受生活，亚里士多德说他甚至比他父亲的名字还愚蠢。（R. 77）

【西塞罗《土斯库兰论辩》5. 35. 101】

因此，缺乏了智慧和节制的人生怎么可能是愉悦的呢？由此可知叙利亚最奢侈的国王萨达纳巴的错误。他让人在自己的坟墓上刻下这样的话：

凡是我吃过的，凡是我那满足了的欲望所用过的，我如今依然拥有；何况它们留下了许多美好的回忆。

亚里士多德说道：如果这不是一个国王的墓碑，而是一头牛的墓碑，此外你还能写上什么呢？他活着时尚且未曾更

长久享用的那些东西，却说自己死后还拥有它们。(R. 52)

【西塞罗《论目的》2. 32. 106】

既然过去的肉体享乐仍能给人愉悦，我无法理解，为什么亚里士多德那么尖刻地嘲笑萨达纳巴的墓志铭。这位叙利亚国王在墓志铭上自夸，他带走了一切欲望的享乐。亚里士多德说道：就连活着也未能比享用时更长久地感受的东西，又怎么能够在死后还保留着它们呢？(R. 52—53)

【卡尔纳第《蒂迈欧篇注》208—209】

在这一点上，甚至亚里士多德也是赞同的。他说，儿童尚在哺乳期时，把所有的男人都看作父亲，把所有的女人都看作母亲，随着年龄的增长开始区分，但在区分时偶而还出错，甚至经常被不真实的肖像吸引，向肖像伸出手。……最严重的错乱是，不仅对某物无知，而且不知道自己对此物无知，从而沉醉于虚假的肖像，预先认定真的是假的，以致相信恶习有利，德性有害，而招致灭亡。……亚里士多德称这些人为老儿童，因为他们的理智和儿童的理智没有不同。(R. 53)

【西塞罗《土斯库兰论辩》5. 30. 85】

除了塞奥弗拉斯托和那些追随他的人之外，漫步学派的情况表现得有些畏惧并躲避痛苦；其他人则做了他们实际上所做的事情，提高德性的重要性和崇高性；他们把德性吹上了天，那些能言善辩的人对此是不厌其烦的。……按照他们的论证，尽管有惩罚存在，幸福的生活仍会随德性而来，即使将由此而落入斗牛场，在亚里士多德、斯潘西波、波勒谟这些著作家看来，永不能因威胁利诱而放弃德性。(R. 53)

【西塞罗《土斯库兰论辩》5. 10. 30】

无论是我的朋友布鲁图还是那些公认的大师，还是诸如亚里士多德、斯潘西波、塞诺克拉底、波勒谟这些古人，如果他们把我上面列举的东西列入恶，同时又说有智慧的人总是幸福的，我都不会轻易地赞同，如果这个光辉的、美好的、最适合毕达戈拉斯、苏格拉底和柏拉图的称号让他们感到高兴，他们就让自己去蔑视那些其辉煌令人们陶醉、而其反面被人们视为一钱不值的东西，诸如力量、健康、美丽、富有、荣誉和权力。这样，他们就能够用极为清晰的声音公开宣布自己既不害怕命运的侵袭，也不害怕公众意见的打击，既不害怕痛苦，也不害怕贫穷，万物皆在他们自身之内，没有任何事物在他们的能力之外，他们把这视为善。(R. 53—54)

【西塞罗《土斯库兰论辩》5. 13. 39】

所有具有德性的人都是幸福的。在这一点上我与布鲁图一致，即与亚里士多德、塞诺克拉底、斯潘西波、波勒谟是

一致的，但我甚至认为这样的人是最幸福的。(R. 54)

【西塞罗《论目的》5. 5. 12】

但是，由于幸福的生活是应该追求的，所以哲学所应考察和探索的问题首先就是，幸福的生活是完全可以由有智慧的人支配，还是可能被逆境所破坏或夺走，因此，在这一点上，他们中间时常有分歧和怀疑。这种情况极大地见之于塞奥弗拉斯托那部论幸福生活的著作，其中大量篇幅是谈论命运的。假如的确如此，那么，智慧就不能保证幸福的生活。我觉得，这可以说是一种比德性的力量和权威所要求更为软弱和怯懦的思维方式。因此，我们应该坚持亚里士多德和他的儿子尼各马科的观点。……不过，在大多数情况下，我们应该追随塞奥弗拉斯托，只是在坚持德性方面，要比他多一些坚定和有力。……我认为，我们的安提奥库极为认真地追随古人的意见，它对亚里士多德和波勒谟是共同的。(R. 54)

【肯索林 18. 11】

此外有一年，亚里士多德宁可称之为最大的年，而不是大年，在这时，太阳、月亮和五个行星在回到它们过去所在的那个星座以前，它们的运行轨道都经过了这里。(R. 55)

【西塞罗《论诸神本性》2. 20. 51—52】

被误称作游星的五颗星的运动确实令人极为惊奇。……

根据它们不同的运动，数学家们提出了大年的概念。当太阳、月亮和五个游星的运转在走过各自的区域之后达到那个相互之间的相对位置后，大年就完成了。至于这个运转周期有多长，是一个重大的问题，必须肯定并且确定。(R. 55)

【西塞罗《霍尔滕西》残篇35】

有三种年，即月亮年有30天，太阳年有12个月，而据西塞罗所说，还有一种大年，它持续12 954年。他在《霍尔滕西》中写道："大年包括了12 954个我们实际上经历的年"。

【塔西佗《对话》16. 7】

因为如果像西塞罗在《霍尔滕西》中所写的那样，真有一种大年，其间曾经有过的天和众星辰又以同一形态重新出现，而且，它包括了12 954个我们所说的年。(R. 55)

【德尔图良《论灵魂》46】

这件事的解释者和维护者何其多也！阿尔特蒙、安提丰、斯特拉特、菲罗科鲁、厄庇卡尔穆、色拉皮昂、克拉提波、罗德斯的狄奥尼修、赫尔米波，整整一个世纪的文献。我所笑的是那认为自己能说服人们相信萨图尔恩最先做梦的著作家，我之所以笑他，是因为除非生活在所有人之先，否则他就不能是这样的。亚里士多德啊，请原谅我的狂傲罢。(R. 55—56)

12. 优台谟篇或论灵魂*

【西塞罗《论占卜》Ⅰ. 25. 53】

什么？亚里士多德这个具有独特的、差不多是神样才华的人，竟然弄错了，还是想把别人导入歧途？他写道，他的朋友塞浦路斯岛人优台谟取道马其顿来到斐赖。斐赖是当时帖撒利的一个很著名的城市，处于暴君亚历山大的残酷统治之下。在这个城市里，优台谟患上了重病，以至所有的医生都感到绝望了。他在睡梦中觉得一个面目姣好的少年对他说，他不久就会痊愈，要不了几天专制君主亚历山大就会死去，而他优台谟自己，将于5年后返回家园。亚里士多德写道，第一件事马上就应验了。优台谟痊愈了，专制君主被他的妻弟杀死了。5年过去了，当根据那场梦他有希望从西西里返回塞浦路斯时，他却在叙拉古作战时阵亡。因此，那场梦被人们这样解释，即，当优台谟的灵魂离开了躯体时，看起来他是返回了家园。（R. 16）

【普鲁塔克《迪翁》22. 3】

许多政治家跟迪翁一起活动，其中也有哲学家库普里奥和优台谟，在他去世之后，亚里士多德写了一篇对话《论灵

* Eudemos ee peri psukhees。

魂》献给他，还有留加第人梯芒尼德。(R. 16)

【泰米斯提《论灵魂》106. 29—107】

柏拉图在《斐多篇》中关于灵魂不朽所提出的那最有分量的论证大多数在理智中找到其根据。这既适于灵魂自我运动的证明，因为如若我们把运动看作现实活动，那唯有理智(nous)才是自我运动；同时也适于学习是回忆的论证，以及灵魂与神同类的论证。至于那被认为更便捷的论证更不难归诸理智。而亚里士多德在《优台谟篇》中作出的那些论证就更为便利了。由此可见，很显然柏拉图认为唯有理智才是不朽的。(R. 17)

【埃里阿斯《范畴论》114. 25】

在其专业性的著作中，亚里士多德严格地论证灵魂的不朽，不过在对话中他仅用比喻的说法而已。……在对话中他说灵魂必定是不朽的，因为我们本能地对亡灵奠酒，而且以亡灵为誓，而对一个并不存在的东西是不能奠酒，或以之为誓的。……关于灵魂不朽亚里士多德似乎主要是在对话中宣布的。(R. 17)

【普罗科洛《蒂迈欧篇注》338C.】

柏拉图把灵魂和身体相结合，因此完全取消了灵魂降生问题……同时他也没有告诉我们在离体之后灵魂遭遇如何……我想这也许是只限于在对话中的目的，在这里只在自然的范围内来讨论灵魂问题，描述灵魂与身体结合。在《论灵魂》中亚里士多德仿效着他从物理学角度来讨论灵魂，既不谈降生，也不谈境遇，但在对话中则以不同的方式处理问题，而提出以下论证。(R. 18)

【普罗科洛《国家篇注》2. 349. 13—26】

神灵附体的亚里士多德，也谈到灵魂从天国来到世间，为什么就忘记了他所见到的景象。但在离开今世后却在另世记得今世的遭遇。为了证明这一点，他说当人们从健康过渡到疾病，有些人就甚至忘记他已经学到的文字。但从疾病转于健康的人却从没一个有此经验。生命而无身体，由于对灵魂是自然的，所以同样健康，生命在于身体，由于是不自然的，所以同于疾病。在另一世界灵魂按自然而生活，在这个世界里，他们的生活是反乎自然的。灵魂离开彼世就忘却那里的事情，而离开此间而去时仍然记得在这里的事情，是理所当然的。(R. 18)

【普鲁塔克《道德论集》115b—e】

如克兰突尔所说，不但现在，就是很久以来，哲人们都在悲叹人类的命运，认为活着就是受罪。亚里士多德说甚至在席勒诺斯被抓到的时候就把这一信息透露给弥达斯了。而我们最好还是把哲学家本人的话记录下来。在他所写的《优台谟篇或论灵魂》中这样说："在那些最高贵最幸福的人们中，我们认为就是死后也同样幸福和至福。不但这样想，就是对他们说句冒犯之语或诽谤之词也是种亵渎，因为他们已经变得更为高贵更为伟大了。这一习惯在我们中形成已源远流长，绝对没有人能说过它起于什么时候，以及谁是它的创始者。它似乎流传于无限世代，通行于万众之口。"意复如何呢?"人或说。另外回答："这就是，以无生为至善，死者较生者好，这是传谕世人的天外之音。人们说非凡的弥达斯所遇到的事情，就是当他抓住席勒诺斯并且问什么是对人最好的东西，最需要的东西。席勒诺斯最初哑口无言，只字不语，弥达斯用尽了各种手段，千方百计引他说话，最后他不得不说。(多难精灵和厄运之神的短命种子，为何逼着我说出你还是以不知为好的话呢?）最安乐的生活无过于对自身的过错之无所知。人是最不能遇到最好事情的，人在本性上就不能遇到好事，因为对一切男子和女子最好的事情就是不生出来。其次好而可遇的事情，就是既已出生就尽快死去。"所以，这里的意义清楚明了，他指的是有死之日远胜于偷生之年。(R. 18—19)

【普洛彭诺《论灵魂注》141. 32】

亚里士多德毫无例外地谴责所有那些谈论灵魂的人，因为他们对那灵魂的承担者一无所言……他关于灵魂的学说很自然地就与此相联系了。有些人看到这一事实，并非所有躯体都有机会分有灵魂，这须独特的巧遇。正如琴弦并非任何机会都会发出和声而须有特定的张力一样，与此相似，灵魂也是身体的和声，不同类的灵魂相应于不同的和声。亚里士多德论述了这一观点并加以反驳。在开始他只是讲叙观点本身，紧接着就提出由之而来的论证，在其他地方他已经反驳过这种观点了，在对话体的《优台谟篇》，在他之前柏拉图在《斐多篇》已经用了五个论证来反对这一观点……这些是柏拉图的五个反驳。亚里士多德本人，正如我已经说过的那样，在对话《优台谟篇》中使用了以下两个反驳。第一个是这样论证的："和声须以不调和为对立物，然而灵魂是没有对立物的。所以灵魂不是和声，人们也许回答和声并无严格的对立物，所有的也许是无定式的短缺。灵魂作为形式具有一个无限定的对立，正如我所说的在音乐方面把缺乏协调的音调变为和声一样把某种缺乏变为灵魂。"亚里士多德的第二个反驳是这样的，"身体和谐的对立面是身体和谐的短缺，身体的和谐的短缺就是疾病、衰弱和丑陋。元素和谐的短缺就是疾病，体素和谐的短缺就是衰弱，机体和谐的短缺就是丑陋。如若和谐的短缺造成疾病、衰弱和丑陋，那么和谐就是健康、强壮和美好；但是灵魂全不如此，它既非健康，也非强壮和美好。因为尽管特尔西太斯是最丑陋的，但也有一个灵魂。这表明灵魂并不是和声"。这就是在那里说的话。而在这里《论灵魂》中，他用了四个论证反驳这一意见，其中第三个与《优台谟篇》中的第二个相同……最好还是健康，一般说身体的良好状况称为协调，这比称灵魂恰当一些。这是第三个反驳，在《优台谟篇》中是第二个。在那里健康被当作和声，而把疾病当作对立面，这一推论过程我们上面已说过了。（R. 19—20）

【辛普里丘《论灵魂注》53. 1—4】

面对大众的谈话，亚里士多德指的是能为大多数人所理解的论证，也许是暗示《斐多篇》里的那些谈话。不过其中也包括他本人在对话《优台谟篇》里用来反驳和声说的那些论证。（R. 21）

【泰米斯提《论灵魂注》53. 1—4】

有关灵魂还有另一个广为流传的意见，它和其他的一样振振有词，不但其自身为自身辩护，而且在公众的和私人的讨论中，也受到考察。有些人说灵魂是个和声，既是和声，那就是由对立物构成的。而身体就是由对立物构成，所以能把这些东西协调起来，热和冷、湿和干、硬和软，以及其他诸如此类的相反元素，这正如把低音和高音协调在一起，就非灵魂而莫属了。这一论证是言之成理的，但从许多方面受到柏拉图和亚里士多德的反驳。他们指出灵魂是先于身体的，但和谐却是发生在后，灵魂统治着并指导着，经常还要与它作斗争。而和声却不能够与已经成为和谐了的东西作斗争。和谐一旦保持为和谐，即不容许有不和谐。但灵魂却可能软弱。如若身体的不和谐就是疾病、丑陋和软弱，那么它的和谐就是美好、健康和强壮，但这只是身体而不是灵魂，所有这一切在别处早已被哲学家们说清楚了。而亚里士多德现在说的只是这样……那些认为灵魂是种和声的人，他们的意见既不近于真实，也不远于真实，对此他现在以及其他地方所说的都很清楚。（R. 21）

【奥林匹俄多罗《斐多篇注》173. 20】

在《优台谟篇》中，亚里士多德反驳如下：不和谐相反于和谐，既然灵魂是实体，所以不能有相反者，那么，结论就十分明显了。再者，如若不和谐作为动物的元素就是疾病，而元素的和谐就是健康，而并不是灵魂……第三个论证和《优台谟篇》的第二个相同。（R. 22）

【辛普里丘《论灵魂注》221. 20—33】

柏拉图习于将形式和由之生成的事物给予共同名称。而在亚里士多德那里由之所形成的事物是可分的，不用共同名称，因为在可分的事物和不可分的形式之间有巨大差别。他不但把推理的灵魂看作是有限的并且是界限；由于它在可分与划分之间，在这种意义上，它又是在有限和界限之间，显示出了两方面的性质，后者的运动是随意的，而前者的运动则受命于界限，因为一切开展了的东西都集中于一，在这一方面相似于起着限制作用的理智。由于这一缘故，在论灵魂的对话《优台谟篇》中，他说灵魂是形式，并且称赞那些把灵魂说成是形式承受的人。当然这并非整个灵魂，而是思维的灵魂，作为次级真理对形式认知，因为比灵魂更加伟大的理智（nous）才与真实的形式相通。(R. 22)

【普鲁塔克《道德论集》382d—e】

对可知物的知识是纯洁的、简单的、像光一般透过灵魂闪耀着，在触和看的时候发射出来。这就是柏拉图和亚里士多德称这一部分哲学为出神入化（epoptikon）的原因，因为这些人把所寻求的杂乱繁多的意见上升到思想中，成为最初的、普遍的、无形的东西，真实地接触到作为真理的真理，仿佛在清灵极境中臻于哲学目的。(R. 23)

【塞尔维《埃涅亚斯》6. 448】

开纽斯一开尼斯这个女人原是一个少女，以淫乱为报酬让尼普顿为她改变了性别，甚至使她刀箭不入。在为拉庇泰人与马人的战斗中，她被如雨般投来的棍棒一下一下地钉入地下，死后又恢复了原来的性别。他以这个传说来说明柏拉图或者亚里士多德的那种说法。即灵魂往往通过更换生活来改变性别。(R. 23)

13. 论祈祷*

【辛普里丘《论天注》485. 19—22】

亚里士多德在《论祈祷》一书的结尾中对有关理智和实体的思想表述得很清楚，神就是理智以至某种理智之外的东西。(R. 57)

14. 论门第**

【斯托贝乌 4. 29A24】

出自亚里士多德《论门第》。

"至于门第问题，在我看来，很难说某人门第高贵。"我说："你自然有难处，因为许多人而且更多地具有智慧的人不但意见相左，说法更加模糊不清，特别是在好出身的意义方面。我所说的是这样；它是件珍贵和美好的事呢，还是如智者吕科富隆所写，完全一钱不值？他说，与其他物品相比门第高贵的诱惑力是模糊的，它的尊贵不过是口头上的，人们不过是依照意见而选择它，实际上出身的好、坏本无区别。"(R. 57)

---

* peri eukhees。

** peri eugeneias。

【斯托贝乌 4. 29A25】

在亚里士多德《论门第》里。

他说正如争论善有多大一样，人们争论什么样的人应被称为门第高贵。有些人认为是那些高贵祖先的后代，苏格拉底的观点就是这样，他说由于阿里斯提德是高贵的，所以他的女儿出身也是这样。人们说，在西蒙尼德被问到哪些人出身高贵时，他说“那些家庭长期富有的人”。就此而论塞奥根尼失于尖刻的看法就不对了，持这样看法的诗人写道：“世间以门第高贵为荣，较之富有更着眼于婚姻”。请问宙斯，难道一个人本身的富有，不比一个有着富有的祖父或别的什么祖先，而自己却一贫如洗更好吗？怎么能不是呢？他说。与门第高贵相比，一个人不是更应与富有者结婚吗？因为虽然人们在很久以前出身高贵，但是人们在现在才有更大权力。那么，倘若一个人设想不是那些祖先富有的人而是那些祖先高贵的人才是出身好，不也很像这样吗？应该认为当前的善胜过以前的善，一个人得益于父亲多于祖父，自己本身的优良胜于有个好祖父和某个其他的祖先。他说，你是对的。我们既然看到这所有的事情都莫不得于好出身，那么，不应到其他地方去找找看它到底是什么吗？确实应该去看一看，他说。我想，美好是指那些受赞扬和优良的东西，例如，一张美好的面孔，一双美丽的眼睛，按照这个原则，好的东西就是某种美的东西。当然，他说。那么，美好的面孔不就是具有面孔的德性，美丽的眼睛不就是具有眼睛的德性吗？正是如此，他说。有的种族是优良的，另外的则低贱并不优良。当然，他说。我们由于某物的德性而说它优良，一个种族的优良也是这样。正是如此，他说。那么，我说，这就清楚了，种族的德性才是出身良好、门第高贵。（R. 58）

【第欧根尼·拉尔修 2. 5. 26（10）】

亚里士多德说苏格拉底娶过两个妻子，第一位是克桑席庇，她给他生下兰普劳克来，后来又和阿里斯提德法官的女儿莫尔桃结婚，不带妆奁，给他生下索弗拉尼斯科和迈耐克辛。（R. 59）

【普鲁塔克《阿里斯提德》27. 2】

发来昂人德麦特里奥、罗德斯人希劳努莫和文化人阿里斯托克辛，如若《论门第》一书属于真作，那么也包括亚里士多德，他们都说阿里斯提德孙女莫尔桃与圣者苏格拉底同居，他虽另有女人，但接纳了莫尔桃，因为她是个穷寡妇，无以为生。（R. 59）

【阿泰纽 555d—556a】

由这里就该责备那些说苏格拉底与两个妇人结婚的人们。她们是克桑席庇和阿里斯提德的女儿莫尔桃。那些人不是指那位所说的法官，因为从时间上讲这是不相合的，而只能是他的第三代。他们是卡利忒涅斯、发来昂人德麦特里

奥、漫步派萨图洛、阿里斯托克辛等人。而亚里士多德在关于好出身中所说的这事给他们定了基调。(R. 59)

【斯托贝乌 4.29C52】

摘自亚里士多德《论门第》。

我说,从我们前面的讨论,就可清楚地知道,为什么要认为,那出生于长期富有和高贵祖先的比出生于近期才有此优势的人们更好。一个人自己本身的优点比祖父的与他更为接近,以此为据那么好人就要出于好门第了。有些人这样说,并通过这样的推论来要求否定出身高贵,例如欧里庇德斯就说,并不是那些出自长远高贵祖先的人才算出身好,一般说来,而是那好人自身就是如此。但并不如此,那些寻求古老德性的人是对的。我们来讲一讲这里的理由。良好的出身是种的德性,是优秀人们的德性;优秀的种族由众多的优秀的人所构成。这只在种族有一个优秀的始祖才可能;因为始点有着制作出许多同于自身的作品的能力,造出许多与自身相同的产品,这是始点的功业。那么,当一个人在这样的种族中生成,他是这样地优秀,许多良好的后代都由他生成,这样一个种族必定是个优秀的种族。如若是人种就有许多优秀的人,如若是马种,就有许多良马,其他动物也莫不如此。人并不是生来就富有或良好,而是他们祖先长久富有或善良,才能出身良好。寻求的原则是真实的;始点或本原高于一切。然而出生于良好祖先也并非都是良好出身,还须这些良好的始祖恰巧是有生产力量的。倘若一个人自身是善良的，但并不具备产生与自身相同的后代的能力，这样的一个始点、本原或始祖（arkhee）就没有那种所说的能力。……种族德性是良好出生，出于这样种族的人们就有好出身，尽管他们的父辈的出身并不良好。因为并不是由于父亲产生好人，而是出于这样的种族。(R. 59—60)

15. 论享乐*

【阿泰纽 6d】

其他人称菲洛克塞努为嗜鱼者，而亚里士多德只简单地把他叫做贪食的人。他在某处还这样写道："在他们对大众讲话时尽用些奇闻佚事消磨时间，对那些从法西斯和布鲁斯森回来的人也是如此，这些人自己除了菲洛克塞努的《酒席篇》什么也不读，而且并非全部"。(R. 60)

16. 亚历山大或论殖民**

【普鲁塔克《道德论集》329b】

亚历山大并没有接受亚里士多德的劝告，成为希腊人的

* peri hedonees。

** Aleksandros ee huper apoikoon。

领袖和野蛮人的主人，把前者当作朋友和家人来关照，把后者当作牲畜或树木来看待，却同样带来战争，加以放逐和分化。(R. 63)

【斯特拉波 1. 4. 9. P. C66】

在《备忘录》结尾处，他（爱拉托塞尼）不称颂那些人，他们把全体人分为希腊人和野蛮人，并劝告亚历山大把希腊人看作朋友，把野蛮人当作敌人。他说最好是将善与恶加以划分……亚历山大并未忽视他的劝告者，他接受了劝告，依法而行，不作相反的事情，注意到劝告人们的意向。(R. 63)

17. 论王政*

【西塞罗《致阿提刻》12. 40. 2】

我经常试图给凯撒提出建议，却什么也没想出来。我虽然手头有亚里士多德和塞奥波姆普给亚历山大的建议，但这有类似之处吗？他们写下了自己敬仰而且亚历山大也喜闻乐见的东西，而你认为这是同一类型的吗？(R. 61)

---

* peri basileias。

【西塞罗《致阿提刻》13. 28. 2】

但是我什么也想不出来。你看那些能言善辩而博学的人们是怎样向亚历山大提出建议的吧。你可以看出，它们是在什么样的情势下提出的。他们劝勉一个热衷于最真实荣誉的年轻人要有德行，这个年轻人渴望有人能给自己某种建议，以增进自己永恒的光荣。(R. 61)

【（阿蒙尼乌）《范畴篇注》（Ven. 1546. f. 9b)】

那些私人著作是特别对某个人所与的，例如亚里士多德为马其顿的亚历山大所写关于王政和殖民地建立的书信。(R. 62)

【马尔西安《亚里士多德生平》450. 15—431. 2】

为了有益于一切人，他给亚历山大写了一本关于王政的书，教导他怎样进行王事活动。这对亚历山大的灵魂发生很大的作用，在失于做益人之事时，他就说："今天我不成为王，我没做任何有益之事。"(R. 62)

【泰米斯提《讲话》107c—d】

柏拉图，尽管在其他所有方面是神圣和可敬的，但在声称除非哲学家做王或王做哲学家，人们就无法摆脱罪恶时却完全是轻率的。他的说法被反驳并被时间所检验。我们确实应该赞扬亚里士多德，他把柏拉图的话稍加更变，就使他的倡议更为真实。他说王做哲学家不仅没有必要，反而是不利的，他所要做的就是听从真正哲学家们的劝告，这样他的王政就充满了善良的功业，而不是美好的言词。(R. 62)

【(阿蒙尼乌)《范畴篇注》(Ven. 1546. f. 5b)】

有一卷书里，亚里士多德给亚历山大写了关于王权的问题，教导他应该怎样怎样来为王。

18. 论教育*

【普鲁塔克《道德论集》734d】

他（……）有许多难以解决的问题……经常把这些问题提给学生们，这从亚里士多德的话可以证明，他说，学得越多造成的困惑越多。(R. 61)

【第欧根尼·拉尔修 9. 8. 35 (4)】

普罗泰戈拉首先发明称为垫肩的东西，搬运者用它来搬运重物，亚里士多德在《论教育》中这样说。因为如伊壁鸠鲁在某处所说，他是一个搬运工。也正为此才引起了德谟克里特的注意，看到了他捆木柴。(R. 61)

---

* peri paideias。

19. 论至善*

【阿里斯托克森《和声学》2. 30. 16—31】

正如亚里士多德所经常说的，这是大多数听过柏拉图论至善讲演的人所有的经验。他们每个人都认为自己将得到一种属人的、公认的善，诸如财富，健康、强壮，总的说来，某种惊人的幸福。这些谈话看来是有关数学、数目、几何、星象的，在这一切之上，关于善只有一个论题。我想，这在他们看来似乎是种悖论；所以有些人对这些加以轻视，有些提出反驳。(R. 111)

【亚里士多德《物理学》209b11—16】

这就是为什么，柏拉图在《蒂迈欧篇》中说质料和处所是同一的。因为，"分有者"和处所是一和相同。当然，他在那里对分有者所作的说明，与在所谓未著文字的教义中的确实有区别。但总是指出地点和处所的同一性。(R. 111)

【泰米斯提《物理学注》106. 21—23】

柏拉图在《蒂迈欧篇》里说，质料以同样方式接受形式，而在未著文字的教义中又说以其他方式，在《蒂迈欧篇》中

---

* peri tagathou。

说的是分有，而在未著文字的教义中说的是同化（homoiosis）。（R. 111）

【菲劳旁诺《物理学注》521. 9—15】

……在未著文字的讲义中和在《蒂迈欧篇》中对质料的说法不同，在未写成的讲义里他把质料称为大和小，正如亚里士多德前面所说，我们也说明质料为什么是大和小；而在《蒂迈欧篇》里，他把质料称为分有者，因为它分有在形式中。亚里士多德本人仿效柏拉图的未写成的讲义。（R. 112）

【辛普里丘《物理学注》503. 10—15】

在指出无限是被包围的，而不是包围的，并且自然在本性上是不可知的之后，亚里士多德就批评柏拉图的说明之肤浅。柏拉图说明善的时候，说它就是质料，是大和小，质料是无限的，并且一切可感的东西都被无限所包围。它们是不可知的，由于在本性上就含有质料，是无限的并且不断流动。（R. 112）

【辛普里丘《物理学注》542. 9—12】

在《蒂迈欧篇》和未著文字的讲义中，柏拉图对质料的说法不同，在《蒂迈欧篇》里他把它称为分有者，而分有本是模糊不清的，而在未著文字的讲义里又叫做大和小。（R. 112）

【菲劳旁诺《论天注》75. 34—76. 1】

《论哲学》的著作（亚里士多德）称之为《论至善》，在这本书里他讲述了柏拉图未写成的讲义，这本书是真的。在这里他讲述了柏拉图和毕达戈拉斯派关于本原和存在物的意见。(R. 113)

【马尔西安《亚里士多德生平》433. 10—15】

亚里士多德的品格有名的谦虚；在《范畴篇》里他说，一个人不应匆忙地提出意见，而要以后不断重复，实际即使仅仅提出问题也不是无用的，在《论至善》中他说，不仅逢好运的人就是能提出一个证明的人，也应记得他是一个人。(R. 113)

【阿斯克来庇乌《形而上学注》77. 2—4—112. 16—19】

我们还要说不存在坏东西的理念，因为坏的东西没有实体性存在，仅是偶然出现，柏拉图的讲义如是说……（亚里士多德）说关于本原在《物理学》中已经说过，他许诺在《形而上学》第2卷里谈这些问题，并且在《论哲学》中提出有关的难点并加以解决。(R. 113)

【亚里山大·阿弗罗迪西亚《形而上学注》55. 20—57. 28】

柏拉图和毕达戈拉斯学派都把数目当作存在物的本原，

因为他们认为只有原始的、单纯的东西才能是本原。平面先于立体，因为更单纯的东西如不被他物毁坏，就在本性上先于他物。依照同一道理直线先于平面，被数学家们称为标记而他们叫做单元的点就先于直线，它们是最单纯的，没有任何东西在先，然而单位就是数目，所以，存在物中数目是最初始的。形式和理念在事物之先，在柏拉图看来事物依存于理念并从理念而得以存在，他试以不同方式来论证理念的存在，称理念就是数目。因为，如若形式单一的东西先于那依存于它的东西，那么就不存在任何东西先于数目了。所以形式即数目。这就是他把数目的本原称为形式的本原的原因，于是“一”是一切事物的本原。

再者，形式是一切其他东西的本原，既然理念是数目，数目的本原就是理念的本原，他经常说数目的本原是单元和双元。在数目中既有一也有一的他物，也就是多与少，所以他设定，在一之外，数目还有一个最初的东西，是多和少的本原，双元就是这个在一之外的最初者，它自身中既有多又有少，因为倍是多，半就是少，此两者都在双元之内。并且双元与单元是相反的，因为后者不可分割，而前者是可分割的。

再者，由于他设定相等和不相等是万物的本原，既是就自身存在东西的本原，也是对立物的本原，他试图以两者为最单纯的元素，而把万物回归于它们，他设定相等为单一，不等是过度和不及。由于在不等中包含两个方面，一个大，一个小，各为过度和不及。这就是为什么把双元称为无限，因为它既非过度也非不及，就其自身，是不限定的，它们既无限制也不限定。他说，如若为一所限，无限的双元就变成数目的双元；因为这种单元在形式上是一。再者，双元是原始数目，它的本原是过度和不及，因为在双元中最初发现倍和半，它们是双元的元素。并且，既然过度和不及在被限定之后就变为倍和半，这样它们就不再是无限的了，三倍和三分之一，四倍和四分之一，以及其他其过度已经被限制的数量都是这样。并且这种限制由“一”的本性所形成（因一切事物作为“这个”都是有限的）。所以，一和大及小必然是数目双元中的元素。双元当然是原始数目，它们也就是双元中的元素。由此柏拉图经常把单和双当作数目和所有存在物的本原，正如亚里士多德在《论至善》中所说……（R. 113—116）

【亚里山大·阿弗罗迪西亚《形而上学注》85. 16—18】

一和无限的双元是本原，他不久前简短地说到，并且他自己又在《论至善》里讲过。（R. 116）

【辛普里丘《物理学注》151. 6—19】

亚里士多德说，按照柏拉图的意见，一和无限的双元，既是万物的本原，也是理念自身的本原，如亚里士多德在《论至善》里所论述，他经常称之为大和小。在斯潘西波和克塞诺克拉特以及其他曾经听过柏拉图关于善的讲演的人那里也有这种看法，因为他们都把讲演记录下来保存了他的学说，他们说他把这类东西当作本原。柏拉图把一和无限的双元称为万物的本原非常自然（因为这是毕达戈拉斯派的说法，柏拉图在许多方面明显地追随毕达戈拉斯派）；然而把无限的双元，也就是大和小，甚至说成是理念的本原，如何能一致呢？在这里他用了质料这个词，而在《蒂迈欧篇》里柏拉图明白地限之于可感世界，也就是说，它经受着生成，在这里，生成的东西生成。此外，他还经常说理念为思想所知，而质料只不过是“混乱推理的信念”。（R. 117）

【辛普里丘《物理学注》453. 25—454. 19】

人们说柏拉图主张一和无限的双元都是可感事物的本原。他也把无限的双元放在思想中称之为无规定者。而在他关于至善的讲义里，他把大和小当作本原，称它们为无规定者。亚里士多德、赫拉克利特、赫司丘斯以及柏拉图其他的学生都听过这些讲演，而以一种含混的文风记录下来并加以发表。波尔费留把它们改写为清晰的语言，使它们与他的《斐来布篇》相衔接，他写道，先生认为多和少、松和紧是列在无限项下的。因为，这种情况一旦出现，就不断交互地出现松和紧，而分有这种情况的事物就永无静止也无终极，而是走向无限的无限性。较大和较小，以及柏拉图那里它们的当量大和小亦复如此。因为设若一个有限的量，如一肘，加以二分，只让我们留下半肘而不加以分割，再让我把另一半分开而一点一点地加到不分的一半之上，那么，这一肘就有了两半，一半是无穷地向更小前进着，而另一半则趋于更大。由于一肘是个连续的量，所以在我们的分割中永远得不到一个不可分的部分，一个连续的所分割成的部分永远是可分的。这样一种不断分割的过程表明在一肘中含有无限性的性质，或者不只一个，其一部分向着大，另一部分向着小。在这个例子中，无限的双元，也可以看出，是由向大和向小两种单元所构成。它们既属于连续的物体也属于连续的数目。由于2是第一个偶数，在偶的本性中既含有倍，也含有半，倍含有过度，半含有不及。所以在偶数中既有过度也有不及。现在，2是第一个偶数，它在其自身是无限的，但由于分有了一而成为有限，因为2就其作为一个单一的形式而言是有限的。所以，一和双元都同样是数目的元素，一个是限制，提供形式，另一个是无限的，包含着过度和不及。以上就是波尔费留一字一句所说的，以完成他解释柏拉图在他讲义中的含糊东西的许诺；他还相信以上所说与在《斐来布篇》里所写的相吻合。(R. 117—118)

【塞克斯都·恩披里柯《几何学》57】

至于亚里士多德这样说……几何学家们所说的没有广度的长不是不可理解的,我们不须任何困难即达到对它的思想。他的论证是以一种明显的例证为依据的。我们去掉广度来把握墙的长度，他说，那么就能够理解几何学家们所说的没有

长度的长了。(R. 118)

【亚里山大·阿弗罗迪西亚《形而上学注》59. 28—60. 2】

人们可以问，虽然柏拉图谈到过制作因，在某处（《蒂迈欧篇》中）他说："寻找和证明万物的制作者和父亲是一项任务"；也谈到过何所为和目的，在某处（书信Ⅱ中）他说："任何东西都依存于万物之王并且为着他"，为什么亚里士多德在他关于柏拉图的学说里对这两种原因只字不提呢？这是由于像亚里士多德在《论至善》里所表示的那样，在柏拉图关于原因的言论中未曾说到它们；或者由于柏拉图并不把它们当作事物生成和消灭的原因，甚至没有形成为理论，是吗？(R. 119)

【亚里山大·阿弗罗迪西亚《形而上学注》250. 17—20】

在《相反者选论》里，亚里士多德向我们证明，实际上一切相反都归因于单一和众多，把此当作它们的本原，他在这本书里专门研究了这一主题。在《论至善》第二卷里他谈起了这本选论。(R. 119)

【阿斯克来庇乌《形而上学注》237. 11—14】

亚里士多德在《相反者选论》里提到过所有相反者都是单一和众多，把两者作为本原。在《论至善》第 2 卷里他也谈到了这个选论。(R. 119)

【阿斯克来庇乌《形而上学注》615. 14—17】

在《论至善》一书里，亚里士多德作了一种区别……就此把一切相反都归于众多和单一。相同、相似、相等归于单一；不同、不似、不等归于众多。(R. 120)

【阿斯克来庇乌《形而上学注》79. 7—10】

大多数、绝大多数柏拉图派热衷于本原的存在；在他们看来，这些东西甚至是理念自身的本原。它们，如不久前所说，就是单一和无限的双元；这在《论至善》一书里亚里士多德本人已经谈到过。(R. 120)

20. 论相反*

【亚里士多德《形而上学》1003b33—1004a2】

各种属之为一，正如其为存在一样。研究它们是什么的科学在种上是同一的，我所指的是研究相同、相似以及其他诸如此类的科学，几乎所有相反者都归于这一本原，可以认为，这在《相反者选论》中已经考察过了。(R. 105)

---

* peri enatioon。

【叙里安诺《形而上学注》61. 12—17】

相同、相似、相等、直线，总的来说在同族词中较善的一方，是属差并且属于一，较恶的一方属于多。哲学家本人对这一主题分别处理，对所有相反者加以选择，把一些归属于一，另一些归属于多。(R. 106)

【辛普里丘《范畴篇注》382. 7—10】

亚里士多德关于相反所说的那些，似乎来自阿尔库塔斯名为《论相反》一书，在讨论种的时候他没集中使用这书，而想把它用在分散的论文中。(R. 106)

【辛普里丘《范畴篇注》407. 15】

现在亚里士多德关于对立物之间区别的学说已经完成了，他巧妙地引用了阿尔库塔斯有关的研究……因为任何认真读过亚里士多德《论对立》一书的人都不会不想到阿尔库塔斯的书。(R. 106)

【辛普里丘《范畴篇注》387. 17】

关于亚里士多德的语言已经清楚了，再让我们看一看那些更有名的解释家对论题是怎样说的。斯多亚派以他们在逻辑问题上的成就而骄傲，并热情地指出，亚里士多德在一本题名为《论对立》的著作中，为一切主题奠定了基础，并且提出了大量的问题，对这些问题他们只讨论了一小部分。其他的问题放在一个导言里是不合适的，而且必须指出，斯多亚派所提出的问题是与亚里士多德论证相关连的。亚里士多德给对立下了最早的定义，如我们前面指出，这就是：在同一种内相互之间差异最大的东西。但在他论对立的著作中，亚里士多德对此作了各种尝试，加以修改。他提出了这样的问题：难道所有相异的东西都对立吗？难道差别就能成为对立，或者完全相背就是最大的差别，或者相距最远的东西也就差别最大，而距离又是什么，又怎样来说距离的最远呢？这些困难都经过了考察，他主张对某物必须加“在种上”这个短语，所以定义就是这样的：“在同种之内那些相距最远的东西”。他指出各种困难都由此而来。他还问对立是否即其他，最大的差别是否即对立，还加上许多其他的评论……不过这只是亚里士多德在他关于对立的著作中所列举困难的一小部分。(R. 106—107)

【辛普里丘《范畴篇注》388. 21】

斯多亚派使用了所有的区别，至于那些对相反者的区别，他们则追随着亚里士多德；他在自己关于对立的论著中确定的；又是斯多亚派在他们自己的书中所接受的开始这点……斯多亚派的学说就这样，再让我们看一看它是怎样偏离亚里士多德传统的。亚里士多德在自己的《论对立》一书中说，公正和不公是相反的，但公正的人却并非相反，而是被置于不公正的人的反方。像这样一些东西都是相反的，他说“相反”有两层含义，或者用于相反自身有关的事情，如德性与邪恶，运动与静止；或者用于分有相反的东西，如在运动和静止中的东西、为善和为恶。（R. 107）

【辛普里丘《范畴篇注》389. 25—390. 7】

因此他（克吕西波）说明智与不智相反，但是前者的定义并不以同样的方式与后者的定义相反，但如若把定义和被定义之事相联系，人们就把定义相对立了。亚里士多德第一个作出这样的区别，他认为单个的词并不与相反者的定义相反，例如，明智并不与对善良事物的无知相反，可以是邪恶，也可以是良莠不分。除非，在此果然是相反的，定义才能与定义相反，从而定义只有在成为相反事物的定义时才可说成是相反的。对这个问题他更作了进一步的探讨，说道，若是对象在种上或在属差上，或在两者上是相反的，一个定义才能与一个定义相反，例如，设定美的定义是“各部分相协调”，“各部分不相协调”就是与此相反，但对立是就种而言的。但在另一种情况下又是由于属差，例如，白是反光的颜色，黑是吸光的颜色，在这里种是相同的，相反是在属差上。我们已经说过，定义是怎样和定义相反的，那些显示本质的定义可以相反。但愿这里所讨论的是充分的。（R. 107—108）

【辛普里丘《范畴篇注》390. 19—25】

亚里士多德在他关于对立的著作中，探索是否如若一个人在两者之中失其一并不必然得到其他，在两者之中定有一个中间，或者并非在所有情况下都是这样。一个人有时失去一种正确意见，并不必定得到一个错误意见。同样，他失去一个错误意见，也不必定得到一个正确意见。有的时候，他从一种意见既可以过渡到完全没有意见，也可以过渡到知识。但是，除了无知和知识在正确和错误意见之间别无所有。(R. 108)

【辛普里丘《范畴篇注》402. 26】

（尼科斯特拉托）以似非而是的方式从按照习俗的短缺（steresis）开始并且说短缺总能变为肯定状态……但是亚里士多德认为具有（heksis）和短缺并非来自习俗而是出于本性，具有的反面和短缺主要在于本性，我们就以亚里士多德的论证自身来反对尼科斯特拉托。在《论对立》中他说，有些短缺是就本性而言的短缺，有些是习俗方面的，有些是所有物的，还有一些是其他东西的。盲目是自然状态的短缺，并不是习俗状态的，丢掉了钱钞是活动所得的短缺。此外还有多种其他方面的短缺，有些是不可缺的，有些是可缺的……但对短缺的充分说明可从亚里士多德和克吕西波两人的著作中得到。扬布里可增添了以下的一些看法：具有多种含义，如已经指出的那样，短缺的范围与具有完全相同，但与和具有相反的并不完全相同。因为短缺和丢掉是同义的，所以我们不能说恶的短缺，由于邪恶的有害的东西是丢不掉的，只有善良和有用的东西才能这样。对于一个从疾病和贫穷中解脱出来的，不能说他短缺了疾病和贫穷，然而对丢掉健康和财富，却可说他已经短缺。盲目是一种宝贵东西的短缺，因为视觉是宝贵的；赤裸是某种无足轻重东西的短缺，因为衣服是无足轻重的，既不是善的，也不是恶的。短缺不会是好的；短缺或者是恶的，或者非善亦非恶的。可能有对全部善或大多数善的短缺。亚里士多德说在全部善中，那些在灵魂中依存于选择的善是难于短缺的。所以，没有一个人说短缺了公正，人们说"没有一个人会拿去知识"所表示的也是同样的意思。因此，短缺更多是财富、荣誉等等的短缺，大多是那些所谓良好的品质，这是多数短缺都受到怜悯和安慰的原因。而此处亚里士多德说的是在本性上的短缺和相反者的短缺之间的对立。对这个问题就谈这样多了。(R. 108—109)

【辛普里丘《范畴篇注》409. 15】

亚里士多德在关于相反所说的话外，又补充了这些……善的反面总是恶，但恶的反面有时是善，有时是恶……在《论对立》一书里，他又增加一种样式的相反，即非善非恶事物与非善非恶事物的相反，他说所以白与黑相反，甜与苦相反，高与低相反，动与静相反……尼科斯特拉托作为一个批评而提出；说亚里士多德对相反的划分是不完全的，因为他没有加上在无差别事物之间的对立。亚里士多德在《论对立》中就把它加上了。他说有一种在既非善亦非恶的事物之间的对立，如我们前面所说。但他没有把它们称为无差别，我想这是由于无差别（adiaphoron）这个词是后来的斯多亚派提出来的。(R. 110)

21. 备忘录*

【辛普里丘《范畴篇注》64. 18—65】

如若连词也表示说话的意义，为什么吕丘斯的门人把它们省去呢？……同时，他们也问冠词应该放在什么地方。这些也该作出说明。这些词似乎也是连词，虽然连词并不固定地表示阳性和阴性，因为它们并不表明事物是什么，这就是为什么称它们为不定的。同时，那些否定词、限制词以及各种动词的变位又放在什么地方呢？亚里士多德本人在他的《备忘录》回答了这些问题。因为不但在他关于行文的著作里，在他的《备忘录》里，在他《划分篇》里，也在其他称为《因语言（而形成的谬误）》里，虽然有的人认为这本书并非真正出自亚里士多德之手，但无论如何也是出自其学派的某个成员，在所有这些书里，在提出了范畴之后，他都加上"我说这些也包括着它们的变格"，这样他的教导就和否定词、限制词以及不定词连在一起了（R. 102—103)

---

* hupomnemata。

【德克西波《范畴篇注》33. 8—13】

他们问，否定词、限制词（stereseis）、不定式以及每一个范畴相应格都应该放在什么地方呢？这些问题亚里士多德在他的《备忘录》里得到很好的处理。他将范畴连同它们的格、否定词、限制词、不定词一并提出来，这样他就把所有这些联系起来，他把相应的变化称为格（ptoseis）。（R. 103）

【菲劳旁诺《后分析篇注》233. 32】

亚里士多德说，来自定义的推理上的最佳运用，要诉诸那些最初的；他认为，有些定义和对事物的界说并不是证明，而有一些定义，如在推理运用的第二个层次里的，他认为是种相同的说法（homologemenon），是指证。（R. 102）

22. 划 分 篇*

【亚里山大·阿弗罗迪西亚《论题篇注》242. 1—9】

此外，事物有的就其自身更可贵（kallion），有的更可喜（timioteron），有的更可嘉（epainetoteron）。更可贵、更可喜、更可嘉这些词，在这里亚里士多德对它们的用法是共同的。在优良事物的划分中，对物品说是可喜的，对最初始或主导的

---

* diairesis。

说可贵的，如神、祖先和幸福，对德性和有德的行为说是可嘉的，而可能的（dunameis）这个词用于或好或坏有用的东西，有用的（ophelima）则指这些东西的制作以及有助于此的事物。不过在这里，可贵、可喜、可嘉这些词似乎也用在那些有良好可能的东西上了。（R. 101）

【第欧根尼·拉尔修 3. 80（45）】

亚里士多德说，柏拉图对事物往往这样划分，良好的事物有的在灵魂中，有的在身体内，有些是外在的。例如，公正、智慧、勇敢、节制以及诸如此类是在灵魂中，美丽、健康、强壮等是在身体内；友谊、安宁和财富都属外在的良好事物……关于存在的事物，有些由于自身而存在，有的则与他物相关而存在……这就是亚里士多德对原始事物的划分。（R. 101）

【《马可抄本》257. 5. 250】

亚里士多德的划分。灵魂划分为三。（R. 102）

【辛普里丘《范畴篇注》65. 4】

《划分篇》里……在提出各个范畴之后亚里士多德接着说："我想它们的变格也包含在内"。（R. 102）

23. 论问题*

【亚里山大·阿弗罗迪西亚《论题篇注》62. 30】

所须探索的是这样一些问题归于哪种，例如“为什么磁石吸铁?”或者“预言水的本性是什么?”这些问题似乎并不归于任何已知的种类。它们并不归于辩证问题，如像我们所讨论的它们的种已经划分了的东西。……它们是物理问题吗？如像亚里士多德在他的《论问题》中所说。那些不知原因的物理现象属于物理问题。不过，在物理的事物中也还有辩证问题，正如那些关于伦理的和逻辑的事物一样。一类问题是辩证的，另一类是物理的。全部辩证问题都归结为对是何物（hoti esti）与也许是（ei esti）的探索，它们是在《后分析篇》第二卷开始所列举四个问题中的两个；至于为何是（dioti esti）与是什么（ti esti）则不是辩证问题。(R. 100—101)

24. 论理念**

【叙理安诺《形而上学注》120. 33—121】

亚里士多德所说的不过是针对理念论，这在论文的第一

---

* peri problematoon。

** peri ideoon。

卷和他所写成的两卷《论形式》中可明显看出来。因为在各处实际上是借用了同样的论证，并且有时是把它们割裂再进一步区分，有时是更简明地来宣示，他是在对自己前辈哲学加以改进。(R. 121)

【叙理安诺《形而上学注》195. 10—15】

这里是亚里士多德经常用来反驳毕达戈拉斯派和柏拉图派的论证，如注释家亚里山大所指出，这也包括在第一卷中所使用的那一些。因此，在我们反对这些论证时，并不认为我们是忽略了其他论证，也不曾忽略亚里士多德在他两卷论形式的书里用来反对这些人所用的那些。因在那里不过是这些论证的循环使用。(R. 121)

【(亚里山大·阿弗罗迪西亚)《形而上学注》836. 34—837】

亚里士多德总结了全部论证说："这些结论"(对那些主张理念数存在，数学实在分离并使它们成为物理东西的人们的结论)，"是我们已经说过的，并可以收集到比这些更多"，他所指的是他所写下的两卷关于形式的书，这两卷书不同于《形而上学》第13、第14卷，并在它的计划之外。(R. 121)

【《第奥尼修·斯拉克斯集解》166. 13—16】

必须认识到定义是种普遍和经久不变的东西，正如亚里士多德为反对柏拉图理念论而写下的《论理念》中所说的那

样，个别事物都是变化的，永不保持同一，普遍的东西是不变的永恒存在。(R. 121)

【亚里山大·阿弗罗迪西亚《形而上学注》79. 3】

柏拉图派不只以一种方式来利用科学树立理念的存在，如亚里士多德在他的《论理念》第一卷里所报导的那样，他在这里提到的论证大概如下：如若每一科学都以某种自我等同的东西为对象，而非对任何个别事物，那相应的每一科学必应有某种异于可感事物的东西，这东西是相应科学诸对象的模式。这正是理念。其次，那些作为科学对象的东西必定存在，不但任何科学都不以个别事物为对象，因为个别事物是无界限不确定的，而科学对象却是确定的，所以存在着异于个别事物的东西，这些就是理念。再次，如若医学并不针对健康的个别状态，而针对健康自身，那就必然存在着健康自身；如若几何学不是针对这个相等，这个度量，而恰是那相等，恰是那通约，那么就必定存在着相等自身、通约自身，这就是理念。这类论证不能证明所要解决的论点即理念的存在，但确实表明了在可感的个别事物之外存在着其他东西。不过不能由此得出，如若有异于个别事物的东西，那就是理念，因为个别之外还有普遍，我们主张它们是科学的对象。再说，那科学的产物中必定存在理念的论证，既然一切技术的产品都依赖于某种标准，而技术的对象是必定存在的，而且存在于个别事物之外。最后一个论证，也和前两个一样遭受失败。

人们将要看到，在理念存在的证明中，也有柏拉图派坚持无理念东西的理念。如若医疗术并不针对健康的个别状况而是一般健康，从而有一作为健康自身的东西；那么任何技术都要有个同样的对象；例如木工术单纯、普遍地与锯刨相关，而不是个别的锯、刨；与一般的床榻，而不与个别的床榻相关，其他雕刻术、绘画术、建筑术以及其他的技术，莫不与它们自身的对象相关，所以，每一技艺都将有一个对象，那些理念的信奉者所不愿见到的理念……（R. 122—123）

【亚里山大·阿弗罗迪西亚《形而上学注》80. 8】

他们也用以下的论证来设定理念存在。如若在众多人中每人都是一个人，在众多动物中每个都是一个动物，其他所有情况也莫不如此，但这些事例并不说明一个事物是被自身述说，而是存在着某种述说一切人的东西。这东西并不与它们等同，而是与个别事物相分离，是永恒的；因为在任何情况下一切在数目上不同的事物都同样地被述说。不过它是多外之一，与它们相分离，是永恒的，这东西就是理念，所以理念存在。

亚里士多德说这个论证将迫使柏拉图派甚至去设定否定者的理念，不存在的事物的理念。因为，甚至一个否定词也可以作为一个单独同等的词来述说许多主体，甚至不存在的东西，而不与任何这种主体相同。非人一词可以述说马和狗，以至一切非人的东西。所以它是多外之一，与其被述说的东西，全无共同之点。再者，相似的事物总有相似的述语，因为非音乐这个述语，实际上可以述说众多非音乐的东西，同样非人也是所有非人的东西的述语。所以，甚至存在着否定者的理念。这是荒谬的，不存在的东西怎样会有理念呢？如果谁接受了这样的理念，那么全然不同的主体就会有同一个理念了，例如直线和男子，因为它们都不是马。再者，千差万别的主体将会有单一的理念。再者，最初和其次的东西也将有同一理念，因为人和动物都不是树木，但一个是初始的，一个是在次的，以及那些柏拉图派不承认有种或理念的东西。所以很清楚，这一论证和其他论证一样，并不能证明理念的存在；也像其他论证一样，只不过表明就共同性来述说的东西，不同于它所述说的个别事物。再者，正是那些想表明共同述说众多事物的东西是单一的、从而是理念的人，发明了从否定方面进行的证明。因为，一个人只有借助于单独的词才能否定诸种事物中的某物。如若他说一个人和一匹马是不白，并不是分别地否定他们每个的属性，而是就一个单独的东西来否定两者等同的白自身，那么肯定各种事物的相同方面，也不是肯定每种情况的不同的某物；这就是说，在述语中人这个词指的是一个自身同等的东西，用于否定的道理也同样用于肯定。所以，存在着某种可感事物之外的东西。它是众多事物之为真实以及它们共同肯定的理由，这就是理念……（R. 123—124）

【亚里山大·阿弗罗迪西亚《形而上学注》81. 25】

以思维为根据来确定理念存在的论证是这样的：如若我们在想着人或陆地动物，我们是在想着某种真实，同时不是一个个别（因为即使个别事物消灭了，同一思想却保存着），显然有某种在个别事物之外的东西，某种不论它们存在和不存在都可思想的东西，如若果然是某种不存在我们就不能思想了。这就是形式或理念……（R. 124）

【亚里山大·阿弗罗迪西亚《形而上学注》82. 11】

这一论证甚至确立起相关词的理念，其论证如下：当同一个词述说几个不同名的事物，只是作为述说单独的本性时，这种述说对它们之所以真实，或是由于它们在严格的意义上具有为述词所述说的特性（如我们说苏格拉底是人，柏拉图也是人）；或者由于它们是属性真实所有者的相似者（如我们说画中人是人，在这种情况下，我们指的是人的相似者，述说了一种在它们中等同的本性）；或由于它们之中一个是原型，另一个是似者（如我们说苏格拉底和他的相似者都是）。对这个世界上的事物我们所述说的是相等自身，它对事物只是同名的，因为同一定义不应用于它们全体，我们所指也不是真实相等的事物。感性事物的形体在不断变化全无定规，同时在这个世界上没有任何东西与相等的定义确切相应。而且它们也不以原型和摹本相关联，因为它们没有一个比另一个更为原型或摹本。甚至即使承认摹本不仅与原型同名，而事情总是相等的，个别事物之所以相等只由于是真实确切相等事物的摹本。如若事情果然如此，那么就要有一个相等自身，确切相等，在这个世界上事物依存于它，作为它的摹本而生成并且被说成是相等的，它就是理念，作为事物的模式，事物摹仿它而生成……（R. 124—125）

【亚里山大·阿弗罗迪西亚《形而上学注》83. 23—30】

亚里士多德认为，这一论证甚至相应于相关词的理念。无论如何这里所提出的证明是关于相关词的相等。但柏拉图派却否认相关词有相应的理念，由于在他们看来理念是因自身而存在，是实体。而相关者却是在相互关联中存在。再者，如若相等是与相等的事物相等，那么就要存在多于一个的相等理念了，因为相等自身与相等自身相等，如若它不等于什么东西，那么它就不再相等了。再者，依照同样的论证，还将有不相等的理念，因为凡是有对立物的地方，那就必定存在对立双方的理念，或者双方都没有，柏拉图派也承认不相等包括着一个以上的东西。（R. 125）

【亚里山大·阿弗罗迪西亚《形而上学注》83. 34—89】

引进了第三人的论证是这样的：柏拉图派说，那些普遍地述说实体的事物和被它们说成是的事物完全相似，它们就是理念。他们又说，相似东西之所以相似，由于它们分有了一个相同的严格存在的东西，这就是理念。但如若事情是这样，如若这个东西共同地述说某些事物,如若它与它们任何一个不相同等,就必定是某个在它们之外的东西(这就是为什么,人自身是个种,因为它虽然述说个别的人,却不与他们相同),这就将在各个别的人,苏格拉底和柏拉图之外有第三个,并在理念之外的人,而自身是数目上无限的……(R. 125)

【亚里山大·阿弗罗迪西亚《形而上学注》84. 21】

对第三个人也以这样方式证明:如若真实述说若干事物的东西也离开它们而存在(这是理念信奉者想要证明的,人自身之所以存在,在他们看来,由于人真实地述说了许多个别人,并且与他们不同),如若这样,就将有第三个人。因为,如若作述说的人不同于被它所述说的那些人,并且独立存在,而且人既述说个别人也述说理念人,这里将有第三个人,既在个别人之外,也在理念人之外。以此为据,也将有第四个人来述说第三个人,理念人和个别人,同样有第五个人,以至无穷。这个论证与第一个完全相同,它的前提是,相似的东西由于分有某种同等的东西而相等,而个别人和理念人是相似的……关于第三人的第一个论述被优台谟在其《论用辞》中和另一些人所引用,亚里士多德本人在其《论至善》第四卷后面也引用,并且稍后在《形而上学》中……(R. 126)

【亚里山大·阿弗罗迪西亚《形而上学注》85. 18】

亚里士多德说,那些经常用来确立理念的论证摧毁了本原，也消灭了出于本原的事物，如若这些事物是来自本原的话；这样理念也要被消灭。因为，如若一切有共同谓语的事物，都要有某物相分离，有理念；如若 2 甚至述说无限的双元，那将有某种东西，即理念，先于无限的双元，它也就不再是本原了。但是 2 轮到也不是初始的东西，不是本原，因它作为理念，数目就是述词；因为柏拉图派认为理念是数目，所以对他们来说，作为理念数目是本原。但如若这样，数目将先于无限的双元，先于那个他们认为是本原的东西，而不是双元先于数目；但如若这样，双元就不再是本原，因为它也是一个由于分有某物而如此存在的东西。再者双元曾被认为是数目的本原，但根据方才说的论证数目就成为先于它的东西；如若数目是相关的（因为每个数目都是某物的数目），并且如若数目在存在者中是最先的（由于它甚至先于被认为是本原的双元），按他们的说法，相关的东西就将先于因自身而存在的东西。但这是荒谬的；因为任何相关的东西都是第二位的。……就是说数目是量而不是相关，那么对于柏拉图派也将会得出数量先于实体的结论；但大和小本身是相对的。再者，由此还可推断，他们必定说相关者是自身存在的东西的本原并且先于它，既然在他们看来理念是那些实体的本原，并且作为理念的存在就是作为模式而存在的理念，既然模式是某物的模式，所以模式是相对的。再者，作为理念的存在在于它们作为模式，在于某物与它们相关联，理念即是它们摹本的理念。所以我们可以说，在这些人看来全部自然的东西都变成相对的，因为它们若不是摹本就是模式。再者，如若作为理念而存在即在于它们作为模式，但一个模式只有在某物因与它相关联生成才存在，而因其他某物而存在的东西要次于它，所以理念将要次于因与它相关联而生成的东西……（R. 126—128）

【亚里山大·阿弗罗迪西亚《形而上学注》87. 3】

在以上那些论证之外，下面这样的论证则借助于理念论而挖掉了理念论的基础。如若共同地述说某物的东西就是它们的本原和理念，如若诸本原还有一个共同述说它们的某个第一本原，诸元素有一个元素，那就要一个先于本原的本原，先于元素的元素，如这样也就既无本原也无元素了。再者，理念原不出于理念，因为理念同样都是本原。但一自身、二自身、人自身、马自身以及其他每个理念，在他们看来，都是同样的理念，所以就没有一个是本原了；所以一和无限的双元也不是本原。再者，说一个理念从另一理念取得形式，也是种悖论。尽管一切理念都是形式，如若一和无限的双元是本原，而一个理念从另一个理念取得形式，双元自身从一自身取得形式，由于他们是因此而把它们说成是本原，那么一就成了形式，双元成为质料，两者都不是本原。因为，尽管它是本原还要有某物即双元自身先于它，由于分有了它无限的双元自身才是一个双元；无限的双元并不是双元自身，所以它只能分有双元，才把它当作一双有限的东西而述说它。再者，如若理念是单纯的，就不能出于两个相异的本原，但一和无限的双元是相异的。再者，双元的数将会惊奇，如若首先有一个双元自身，然后有一个无限的双元，接着是用于计数的、与两者完全不同的数学的双元，最后加上存在数目繁多的可感事物中的双元。这些都是荒谬的，可以清楚地见得，这些关于理念所提出的前提将导致本原的消灭，而本原对他们是比理念更为可贵的东西……（R. 127—128）

【亚里山大·阿弗罗迪西亚《形而上学注》88．20—89】

原因有次序出现的事物，由于它们的形成有固定模式，这就使理念的论证不只适用于实体。还有的论证从我们真实承认的事物出发，并且坚持这事物必定存在。现在说，和声的形式有五，音程的协调有三，我们真实地认可，由于它们确是这样多，但在感性世界中这类情形是无限的；所以还有其他的、永恒的、被我们称为真实的东西。所以这个论证同样不只适用于实体。此外还有其他许多这类的论证。(R. 128)

【亚里山大·阿弗罗迪西亚《形而上学注》97—98】

优多克索斯和其他人设想将其他东西与理念相混合而存在，证明这是行不通的。亚里士多德说从这种意见所导致的不可能的结论比比皆是，列举如下：如若理念与其他东西相混合，（1）它们将是些物体；因为只有物体才能混合。

（2）理念将相互反对；因为只有相反者才出现混合。（3）混合将以这样的方式发生，一个理念或者出现在它所混合的每一事物全体之中，或者仅将出现于一部分中。但如若它是整体出现，那么一个在数目上是一的东西（因为理念在数目上是一）将要出现在许多东西中；但如若它是部分地混合，那么这一部分将分有部分人自身，而不是分有人自身的全体，而成为一个人。（4）理念就将是可分为部分的，虽然它们并不经受变化。（5）理念必定是由相同部分构成，那么包含着某一理念的一部分的所有东西就都是相似的。但理念怎能包含相似的部分呢？一部分人，不能像一部分黄金是黄那样是人。（6）如亚里士多德稍后所说，由于每种东西不是与一个理念而是与多个理念相混合；因为如若既有一个动物的，还有一个人的理念，而一个人既是动物又是人，那么它将分有两个理念。于是理念人自身，由于它又是动物，也将分有动物自身；像这样的话理念就不再是单纯的，而是由许多部分构成的，这样有的理念将是为首的，另一些是次要的。再说如若人自身并不是动物，那么说一个人不是一个动物当然是荒谬的。（7）如若理念与那因它们而存在的事物相混合，它们怎能继续是模式呢，如人们所主张的那样？由于混合造成模式和摹本相似，是不对的。（8）这表明，理念将随着它们所在的东西消灭而消灭。若不然它们将分离存在，但这只能在分有它们的东西中。（9）这就是说，理念无法避免变化；还要有其他的荒谬内容包含在这里面，如亚里士多德在《论理念》里所指出的那样。这就是为什么他说“这一论点的众多无法反驳的批判是容易收集的”；它们已经被收集到那本书里。(R. 128—129)

25. 论阿尔库塔斯哲学*

【辛普里丘《论天注》246. 16—18】

亚里士多德知道这些事情。因此在他的柏拉图《蒂迈欧篇》摘要里写道：“他（阿尔库塔斯）说（宇宙）是生成的东西，因为它是可感觉的，生成的东西才是可感觉的，可思维的东西是非生成的。(R. 143)

【达马斯丘《辩争及解决》306】

所以，要着眼于他对差别的说法，按照毕达戈拉斯派的以及柏拉图本人的传统，他把存在中具有质料的事物以及质料本身都当“他物”看待。柏拉图在《斐多篇》里就是如此用“他物”这个词的，他说可感形式是他物并且在诸他物之中。亚里士多德在他关于阿尔库塔斯的著作中谈起了毕达戈拉斯也把质料称为他物，因为它在流动中不断地变化着。这就清楚地看到，柏拉图也以这种方式规定作为他物的事物。(R. 143)

---

* peri tees Arkhuteiou philosophias。

26. 论毕达戈拉斯派*

【亚里士多德《形而上学》985b23—986a13】

在这些人之中，或者在他们之前，有一些被称为毕达戈拉斯派的人们已投身于数学研究，并且最先推进了这门科学。经过研究他们认为，数学本原就是一切存在的本原。既然在一切本原中，数目自然就是最初的，在数目中要比在火、土和水中观察到更多与存在着和生成着的东西的相似之点……10 这个数目是完满的，它包括了各个数目的全部本性。据他们说天上的星体也是 10 个，但人所共见运行的星体实际上只有 9 个，于是他们就制造出第 10 个星体，即对地。关于这个问题我在别处已详尽地讨论过了。（R. 129—130）

【阿波郎尼乌《奇谈》6】

姆奈萨尔科的儿子毕达戈拉斯继承了这一切，他是投身于数学和天文学的第一人，但后来他像费来库德斯那样醉心于奇谈的灵异。在一条满载的船驶入麦塔彭托港口时，观众们为着货物而祈祷船只的安全到达，毕达戈拉斯夹在中间并且说："很好，你们将看到船上带着一具尸体"。据亚里士多德说，另一次在库朗尼亚他预言一只母熊的出现，除了其他

* peri toon Puthagoreioon。

一些与他有关的这类消息之外，亚里士多德又说，在图斯坎他咬死一条毒蛇。他还说毕达戈拉斯向门徒们预言来临的政治动乱，为此他暗暗地离开麦塔彭托，并且他与众人渡过考萨斯河的时候，听到河流以非人力所及的声音，高喊“毕达戈拉斯万岁”（Puthagora haire），在场的人对此都十分吃惊。有一次他在同一天、同一个时间既出现在克罗同，又出现在麦塔彭托。据亚里士多德说，有一次坐在剧场里，他站了起来向观众显示了他的一个金色的影像。关于他人们还讲了其他奇怪的事情，为了不继续干誊写员的勾当，关于他的事情就讲到此为止吧。（R. 130）

【阿波郎尼乌《奇谈》4. 17】

毕达戈拉斯经常告诉人们，他出生于比有死者更高贵的种子。他在同一天和同一个时间，既在麦塔彭托又在克罗同被见到，且在奥林匹亚他显示出他的一个黄金影像。他对克罗同的穆里亚斯说他是弗吕吉亚的弥达斯，戈尔迪的儿子，他爱抚着一只白鹰，而它并不反抗。在渡考萨斯河的时候，河流高呼“毕达戈拉斯万岁”向他致敬。（R. 131）

【埃利安《异闻志》2. 26】

亚里士多德说，克罗同人把毕达戈拉斯称为忽派尔波里的阿波里。尼各马科的儿子（亚里士多德）又说，毕达戈拉斯有一次，在同一天、同一时间在麦塔彭托和克罗同两地被许多人看见，并且在奥林匹亚赛会期间，他站在剧场里，显示他的一个金色的影像，他又说在渡考萨斯河的时候流水向他欢呼，许多人都听到这种呼声。(R. 130)

【第欧根尼·拉尔修 8. 1. 11】

据说他在出身上非常高贵，他的门徒把他当成阿波罗，他来自北方人之中。有一个传说，他有一次脱下衣服显出大腿是金子的。还有些人发现，在渡奈菲河时，流水向他欢呼。(R. 131)

【扬布里可《毕达戈拉斯生平》28. 140—143】

毕达戈拉斯派坚信他们的教条，由于这最初不是凡夫而是神所宣示的。他的传统之一是“毕达戈拉斯，你是什么人?”这个问题。他们说，他是忽派尔波里的阿波罗。有两件事实可证明这一信念是确定无疑的，他在赛会上起身时显出了一条金大腿，并且在款待阿波罗的祭司忽派尔波里的阿巴里斯的时候，偷掉了他引路的箭。据说阿巴里斯来自忽派尔波里。他集募钱财修建庙宇，预言鼠疫。他居住在一个秘密的所在，从没有人见过他吃和喝。同时又说，在斯巴达他提出了一个秘方，由此在斯巴达永不再发生瘟疫。毕达戈拉斯拿了这个阿巴里斯的金箭，失去金箭他就不能找到道路，这样让阿巴里斯给他的能力做证人。在麦塔彭托当人们祷告一条货船顺利进港的时候，他说，“你们将得到一个尸体”，这条船果然载了一具尸体。在序巴里斯他抓住一条咬死野兔的蛇并把它吞掉，在土仑尼亚一条小蛇也同样被咬死。人们说在克罗同他与一只白鹰相亲，但它并不反抗。在有人请他讲话时，他说没征兆他从不说话。在此之后一只白罴出现在考朗尼亚。在和一个向他宣告他儿子死亡时，他自己首先宣告了这件事。他告诉克罗同的穆里亚斯，他是弥达斯，戈尔迪的儿子；而穆里亚斯到大陆去在弥达斯的墓上做了毕达戈拉斯所禁止的事情。人们又说，有人买了毕达戈拉斯的房子并毁掉，但不敢对人说他看到了什么，为此在克罗同被判了渎神罪并被处死；他因捕捉从毕达戈拉斯座像落下的金熊而被定罪。这一些以及其他类似的事情是毕达戈拉斯派说来以坚定他们的信仰。（R. 131—132）

【阿普雷依《论苏格拉底的神》20. 166—167】

我相信，你们中的大多数都相信我在刚才所说这件事上犹豫不决，并对考察苏格拉底的精灵形象感到极度惊异。但是，如果有人否认自己曾看见过精灵，毕达戈拉斯派总感到非常惊异，对此，我认为亚里士多德是一个颇为合适的人。因为如果有人具有观看神性精灵的能力，那么，何以他不特别能够碰到苏格拉底的精灵呢？（R. 133）

【波尔费留《毕达戈拉斯生平》45】

毕达戈拉斯劝他的门徒们也忌食其他的东西，诸如内

脏、星鱼、海葵以及大多数其他海生物。(R. 133)

【格利乌Ⅳ. 11. 11—13】

在学问上极有声望的普鲁塔克在他关于荷马所撰的几卷书的第一卷中写道，哲学家亚里士多德关于毕达戈拉斯派也写过相同的东西，即除了少数几种肉类之外，他们并不禁止食用动物。由于这事出人意料，我把普鲁塔克自己的原话抄录如下：亚里士多德说，毕达戈拉斯禁止食用胎衣、心脏、海葵以及其他类似的东西，他对其他所有的东西却并不禁止。而海葵也就是被称作荨麻的那种海生物。(R. 133)

【第欧根尼·拉尔修 8. 1. 19】

最重要的，他禁止门徒们食用红鳍和黑尾的鱼类；他们还不能吃心脏和豆类；亚里士多德说有时他们必须不吃内脏和海葵。(R. 134)

【第欧根尼·拉尔修 8. 1. 33—36】

毕达戈拉斯说，在祭祀上不能把神和英雄同等对待，对神必须时时尊敬，谨言慎行，素衣净身，但对英雄从中午开始就可以了。净化来自清洗仪式，沐浴、净水，不受葬礼污染，远离分娩，避免毒物，不啃咬因病致死的动物的肉，忌食红星肉和黑尾、蛋类以及卵生动物、豆类以及在庙宇中举行神圣仪式时禁食之物。在他的《论毕达戈拉斯派》里亚里士多德说，毕达戈拉斯忌食豆类或者由于它们类似私处或者由于它们像地狱之门（因为这是唯一无处接合的植物，或者由于它们易碎，或者它们像宇宙的本性，或者他们有寡头的性质（因为它们被统治者用来作选举用签）。他们不许拾捡从桌上掉下来的东西，要求吃食有节制，或由于这些事情表示着什么人的死亡……他们不让碰白公鸡，因为这个动物是月神迈恩（Meen）的祭品，并且是个祈求者，祈求总是件好事情。因为公鸡报时所以献给月神，同时白色是善的本性，黑是恶的本性。他们不许去触摸任何供奉的鱼，因为同一菜肴不能既献给神又给予人，正如不能同时给予自由人和奴隶一样。他们不许撕开面包（因为在古代朋友聚会同用一块面包，如今日的外族人一样），同时也不许分开把他们集在一起的面包块。另一些人，借用冥府的审判来解释这一规定；另一些人则说分切面包造成战斗时的怯懦；另一些人则说它是整体的本原……亚里山大说，他在毕达戈拉斯的注释中找到这些事情，亚里士多德纪录了这类似的活动。（R. 134）

【波尔费留《毕达戈拉斯生平》41】

毕达戈拉斯以奥秘和象征的方式来说某些事物，亚里士多德把它们的大多数记载下来，例如他把海叫做克洛诺斯的泪水，把大熊星叫做瑞亚的手，把昴宿叫做缪斯的七弦琴，把行星叫做珀耳塞福涅之犬；把钟被打击时发出鸣叫称为关

闭在铜里的精灵的声音。(R. 135)

【埃利安《毕达戈拉斯生平》4. 17】

毕达戈拉斯说，地震由于亡灵的汇集而发生；彩虹是太阳的光辉，经常撞击我们耳朵的回声是那些强大东西的喊叫。(R. 135)

【波尔费留《毕达戈拉斯生平》42】

另外还有一类标志，例如下面这一些：不许跨过称杆，即不要贪婪；不许用刀剑拨火，即不要用尖锐的言词刺激发怒的人；不许拉扯王冠，即不要触犯律条，因为法律就是城邦的王冠。此外还有，不许食用心脏，即不要用悲哀伤害自己；不许坐在日份粮上，即不要过懒惰的生活；行走时不许转背，即不要顺从众人的意见而要追随少数有学问的人；在居室中不许留燕子，即不要和多嘴多舌的人住在一起；要给负载的人加载而不许减载，即不要加大人的恶习而要发扬人的优点；不许在指环上带神像，即不要把关于神的思想和主张公开，令人皆尽知；要从杯柄上向神奠酒，即要用音乐来敬奉神，因为音乐是柄上流出来的。(R. 135)

【杰洛姆《反鲁菲努》3. 39】

诸如“朋友们共享一切”的那些诫条都是毕达戈拉斯学派的，……此外还有亚里士多德在自己著作中精心探索过的那些谜："不要越过称杆"，意即不要逾越公正；"不要用刀剑拨火"，意即不要用刻薄的语言挑逗怒火中烧的心灵；"决不要撕毁花环"，意即应该维护城邦的法律；"不要吃心脏"，意即要从心灵中驱除哀伤；"在你动身离开之后，就不要再回头"，意即死后不要再期待生命；"不要在大道上行走"，意即不要追随多数人的错误；"不要让燕子进屋"，意即不要与饶舌唠叨的人同室共居；"要给负重者加载，不要与卸载者来往"，意即对向往德性的人提出更高的要求，不理睬那些贪图安逸的人。(R. 136)

【马尔提安·卡佩拉Ⅶ.367—368】

(哲学说：)可能是我的信徒之一亚里士多德，由于单元是独一无二的并且始终要被探寻的，而宣称它被命名为欲求，因为如果它确实在自身之外一无所有，不能提高自己和他物相联系，只能把固有的热情转向自身，那么，它就是对自身欲求。(R. 193)

【塞翁 20—22 (Hiller)】

他们认为数目首先分为两类，偶和奇……有人说，1是第一个奇数……但亚里士多德在他的《论毕达戈拉斯派》里说，1具有双重性，因为它加到一个偶数上就造成奇数，加在一个奇数上就造成偶数，如若它不具有双重本性就不能作成这种结果。这就是为什么1被称为偶奇数。(R. 136)

【辛普里丘《论天注》386．9】

毕达戈拉斯把矛盾归于两行对立物，一行是较坏的，一行是较好的，一行是善，一行是恶。他们象征性地把每行圈为10，因10是完满的数，他们认为10项矛盾中，每一项在自身之内都显示着自己的同类。在地点上他们分为左和右……他们借助于这一类对立来解释其他的地点对立。在右、在上和在前他们叫做善；在左、在下和在后他们叫做恶，亚里士多德在他的毕达戈拉斯派教义选编中是这样阐述的。(R．137)

【司托包斯1．18．1e】

在关于毕达戈拉斯哲学的著作第一卷里，亚里士多德写道，天是一，从无限派生了时间、气息和虚空，它把相异事的区域不断分割。(R．137)

【亚里山大·阿弗罗迪西亚《形而上学注》75．15—17】

毕达戈拉斯派把天体的排列归于数目，在他（亚里士多德）关于毕达戈拉斯派教义的著作第二卷里对我们这样说。(R．137)

【亚里山大·阿弗罗迪西亚《形而上学注》38．8】

(亚里士多德)指出毕达戈拉斯派所说的存在和生成的事

物与数目之间的相似性是什么。他们认为公正即是交互性和平等性，它存在于数目之中，他们说为此公正是第一个正方数。而在任何情况下，属于同一定义事物的第一个数，作为存在都是最真实的。有的人宣称这一个数目是 4，因为作为第一个正方数，它可以相等分割，作为 2 的 2 次，自身是相等的。另一些人则说是 9，它是由 3 自乘所得的第一个奇数的正方数。同时，还有人说数目 7 是机遇，由于自然物似乎以 7 为限期而获得生成和完满的充分理由。以人为例，人是 7 月怀胎，出生后 7 个月出牙，在第二个 7 年达到青春期，在第三个 7 年之末生出胡须。太阳作为季节的成因，他们认为是处于 7 的位置上，而与季节等同。因为在以火炉（hestia）为中心而作圆周运行的 10 个天体里，它居于第 7 位，它运行在非游动星和其他 5 个行星的圆周之后，在它之后第 8 个是月亮，第 9 个是大地，在大地之后是对地。所以数目 7 既不生成什么，也不被 10 个数中的任何数生成，人们把它与雅典娜相等同。因为数目 2 生出 4，数目 3 生出 9 和 6，4 生出 8，5 生出 10，并且 4、6、8、9 和 10 自身都是生成的，但 7 却不生成任何数目，也不被任何数目生成；雅典娜也是这样，她不作母亲，永远是处女。他们说婚姻是数目 5，因为它是雄和雌的结合，他们认为奇数是雄性，偶数是雌性，并且 5 是从由第一个偶数 2 和第一个奇数 3 所生成的第一个数目。我已经说过，在他们看来奇数是雄，偶数是雌。他们说理智和实体是一，他们把灵魂叫做实体。因为它永不变化，无处不同，先于一切，主宰一切，所以把理智称为单元，称为一。对实体也复如此，因为实体是最初的。意见等同于数目 2，因为它首尾两端，亦非亦是，他也称之为运动和摆布（epithesis）。他们把事物和数目的类似拾掇起来，认为数目是万物的本原，万物都由数目构成。

他们看到音程也是依照特定数目而构成，所以说数目是这些和声的本原，第八音依于 2∶1，第五音依于 3∶2，第四音依于 4∶3。他们说整个宇宙是按照某种和声构成的。……由于它以数目而存在，所以按照数目和和声而构成。因围绕宇宙中心旋转的诸天体，它们的距离是有比例的，而且有的运动快些，有的慢些，所以在它们的运动中较慢者发出低音，较快者发出高音，这些音，由于与距离成比例，所以合成和谐的声音。既然他们说和声出于数目，所以自然把数目当作天体和宇宙的本原。由于他们设想，太阳和大地的距离比月亮远一倍，金星远二倍，水星远三倍，其他诸天体每一个的距离都按一定的比例，他们的运动是和谐的。距离最远的天体运动最快，距离最近的运动最慢，中间的天体按照距离的远近比例而运动。由于事物与数目的这种相似性，所以他们认为存在着的东西既由数目构成又是数目自身。

既然认为数目先于自然以及存在于自然中的一切事物，没有数目事物就既不能存在也不能被认知，而数目即使离开其他事物也能够被认识，所以他们断定数目的元素和本原也是万物的本原。这些本原，如已说的，也就是偶和奇，他们认为奇是有限，偶是无限。他们认为单元是数目的本原，由偶和奇构成，因为单元同时是偶和奇。对此它常以同时生出偶和奇的能力来加以证明，单元加到偶上生出奇，加到奇上生出偶来。

至于一方面的数目和组合物，另一方面的天体的属性和部分，它们之间的调协一致是显而易见的，从而推论出天体由数目构成，运行和谐。如若任何天体现象似乎未与数学原则相一致，他们自己就来设法加以补充使事物的整体运作自相协调。既然直接断定 10 是个完全的数目，但在可见的宇宙中，运行着的天体却只有 9 个，7 个行星和第 8 个不游动星，第 9 个是大地，而这个大地，他们设想，也是围绕着静止的宇宙中心火而环转，在他们的系统中，又加一个对地，他们设想与大地相对而行，因此不被地上的人们所见。

亚里士多德除了在其关于毕达戈拉斯派意见辑录中之外，在《论天》中更确切地谈到这些事情。他们认为天体的排列是和谐的，设定构成宇宙的 10 个运动着的天体相互的距离是协调的，并且按它们相距的比例而运动，正如亚里士多德前面所说，有的快一些，有的慢一些。而运动慢的发声就低，快的发声就高，并且由于它们之间的和谐比例而产生了和声，我们之所以听不见它，是由于我们从幼年就伴随它长大。他在《论天》里也谈到这个题目并且指出这是不真实的。在他们看来偶数是无限，奇数是有限，单元即是本原（因由此而成偶奇），由于单元反之又是数目的本原，所以就是一切数目的本原，整个的天，即天中的一切事物，换句话说一切存在着的东西，都是数目，这是他在这里所说的，但在其他地方他对这个题目说得更多些。(R. 138—141)

【辛普里丘《论天注》511. 25】

他们（毕达戈拉斯派）说大地不在中心，而在宇宙中心的是火，对地围绕着中心运动，它本身是大地，之所以称为对地因为在我们的大地对面。“在对地之后是我们的大地，它自身也是围绕着中心运动，在大地之后是月亮”，在谈到毕达戈拉斯派时亚里士多德这样描述……由此，一些人把火称为宙斯，如他关于毕达戈拉斯派所描述的，而另一些人称之为宙斯堡，或如其他人所说是宙斯的宝座。(R. 141)

【普罗科洛《欧几里得注》90. 14 (Friedlein)】

毕达戈拉斯派认为北极星堪称为瑞亚之玺……而把宇宙的中心称为宙斯堡。(R. 141)

【辛普里丘《论天注》392. 16—32】

按亚里士多德的说法，毕达戈拉斯派把我们放置在宇宙的右上方，而和我们相对的那一些在左下方。他怎能这样说呢？如若如他自己在毕达戈拉斯派讲义选辑里描述的。他们说整个宇宙一部分在上，一部分在下；在下是右，在上是左，并且我们是在下方。或者他在这里所使用在上、在右这些词不是按照他自己的看法，而是毕达戈拉斯派的吗？他们把上、前和右相配伍，把下、后和左相配伍。但是，亚里山大认为，亚里士多德在毕达戈拉斯派讲义选辑里的叙述被什么人改动了，而宇宙的上部应该在右边，下部在左边，我们是在上面，而不是像本文所示在下面。这样，亚里士多德原来的说法就和他这里所说的相一致了。说我们生活在下面，由于下与左相配伍，所以生活在左边，是和我们生活在右上方的毕达戈拉斯派的说法相反的。关于本文被破坏的推测是可能的，因为亚里士多德知道毕达戈拉斯派把上与右相配伍，下与左相配伍。（R. 141—142）

【泰米斯提《论天注》96. 17—22】

如果真的就像我们发现亚里士多德在针对毕达戈拉斯学派的观点所写的笔记中断定的那样，毕达戈拉斯派认为上方在右，那么，他怎能反对这些坚持认为高处在右的人呢？

【斯托贝乌 1. 26. 3】

按亚里士多德和奥彭托人菲利普的说法，有些毕达戈拉斯派中人说，月蚀的发生，有时由于地夹在中间，有时由于对地夹在中间。在学派的青年成员中，有的人认为这是由于火焰的分散，这火焰不断地有序地燃烧着，在满月时发射出充足的光亮，然后又逐渐消散（直到集结时刻的到来），至于完全不见。（R. 142）

27. 论德谟克里特*

【辛普里丘《论天注》294. 23—295. 26】

此外,亚里士多德又说,“那些说宇宙时而这样,时而那样,是赋予它性质的变化,而不是生成和消灭”。他说:“那些宇宙和其他组合物一样是生成的,可消灭的,一定是德谟克里特的门徒。在他们看来每个其他东西都在生成和消灭,在无数宇宙中每个也是这样。”正如在其他事物中一样,生成和消灭的东西并不是同一个东西,除非在类属上,他们说,宇宙也是这样。不过,如若原子保持着相同而不改变,那么很清楚这些人也一定是赋予宇宙以性质的变化而不是消灭。正如恩培多克勒和赫拉克利特那样。从亚里士多德《论德谟克里特》所引的几句话,可以看出原子论派的想法。德谟克里特认为永恒实在由在数目上无限的微小实体构成,他还设想某种如地点的东西,大小上是无限的。他称为虚空、非存在和无限,而对实体,他称为物、固体和实在。他认为实体因太小而不可感知,但有各种不同的形状和大小。各种可见的可感的事物都从这些实体生成,好像元素那样构成事物。这些实体千差万别,运动在虚空中,由于它们互不相似以及其他上述的区别,于是在运动中相互碰撞,并且完全纠缠在一

---

* peri Demokritou。

起而相互接近。但是，实际上一个单一实体永远不会由它们这样纠缠产生，因为设想两个或更多个东西会变成一个太幼稚了。事实上，他们有些人有时把实体结合看作是物体之间的适应和把持，因为它们有的带刺，有的带钩，有的下陷，有的上凸，还有其他数不清的差别。他设想它们相互连接并保持到某种更强大的外来力量把它们打散而分开。

他把生成和与之相反的分离，不但赋予动物，也赋予植物和宇宙，并且毫无例外地赋予一切可感觉的物体。然而，如若生成是原子的结合，消灭是原子的分离，那么依照德谟克里特的说法，生成当然是性质变化了。恩培多克勒也的确说过，生成的东西，除非在类属上，与消灭的东西并不相同。而且亚里山大也说恩培多克勒只提出了性质的变化，并不是生成。(R. 143—145)

28. 范畴篇*

【(阿蒙尼乌)《范畴篇注》f. 13a】

有人说,在一个大图书馆里发现了四十卷《分析篇》、二卷《范畴篇》。据考据家判断《范畴篇》是一部亚里士多德的真作。这一判断是从所表述的思想、所用的语言，并且从哲学家在其他著作中所经常提到的事情而作出来的。(R. 103)

---

* kategoriai。

【辛普里丘《范畴篇注》18. 16—21】

安德拉斯托在其关于亚里士多德著作的次序的书中，谈到另一种《范畴篇》，被认为是出自亚里士多德，本文简短、用语精练，与其他的《范畴篇》不同。它从“诸存在物中，有的是……”开始。他指出两种版本行数相同，所以，“简短”这个词只能是指文体了，即每个证明都表达得很简练。（R. 104）

【阿蒙尼乌《范畴篇注》13. 20—25】

据说在一个古老的图书馆里发现了40卷《分析篇》，但只有两卷《范畴篇》。一卷以“诸存在物中，有的称为同名，有的称为同义”开始。另一卷现在我们手头，有这样一个导言：“那些被称为同名的东西，只在名称上相同，而它们的实体定义则相异”。这个版本由于它在次序和内容上都更好所以被选用，而公认是出自亚里士多德。（R. 104）

【波埃修《范畴篇注》1. 161d—162a】

这本书确实是亚里士多德的，而不是其他任何人的，因为他的全部哲学都自相一致地维持在这部著作的论断中，其简明和细致也与亚里士多德没有差异。虽然亚里士多德还有另一本讨论同样主题的书，内容与此差不多，只是表述上有所不同，但这本书还是被普遍看作是真实的。（R. 105）

四、其　　他

1. 诗　　歌

【奥林匹俄德罗《高尔吉亚注》41. 9】

实际上，亚里士多德是把他（柏拉图）当做恩师来尊崇，这从为赞颂他而写下的整篇讲话可清楚看出，他讲述了他的生平，用尽了赞美之词。并且，不但在颂词里，就是给优台谟的挽歌中，他也为颂扬柏拉图写出了以下的几行：

来到了凯克罗庇亚美丽的平原
为了友谊他虔敬地立下神圣祭坛
向一个永不为邪恶沾染的人奉献
在有死之辈中　他第一人清楚显现
用他自己的生活、举止和言谈
善良和幸福是同时来到人间
现在已无人能把握这点。(R. 146)

【第欧根尼·拉尔修 1. 6】

他（亚里士多德）回到雅典，主持他的学校达 13 年，而后退居哈尔克斯。因为他被祭司欧吕麦东控以渎神之罪，或者，如法波林在其《历史杂谈》里所说，是被德谟非洛所控，其根据是他给前面提到的赫尔米亚斯写的并刻在德尔斐雕像上的一首赞歌：

这个人，违背了人皆遵奉的常规
被带弓的波斯王残害
不在那生死赌斗的堂堂战场
而是自己相信的人阴谋出卖。(R. 106)

【第欧根尼·拉尔修 5. 1. 7】

亚里士多德死于哈尔克斯……终年 63 岁，他 17 岁时给柏拉图做学生。颂诗如下：

德性，人生的艰苦历程
终身所能得的最高光荣
你以处女为形式
去死在希腊是难得之事
忍苦受难，不懈劳动
这就是你投入脑海的果实
它是不朽的，比黄金贵重
生身的父母，双目柔和的睡梦
为着你，赫拉克勒斯宙斯之子和勒达的儿女们

建功立业穷尽了心力
吮吸着你那不竭的潜能
对你的渴欲阿喀琉斯和埃阿斯
进入了地府的门庭
阿尔塔纽斯的爱儿抛却了阳光
为的是你那可爱的形式
于是，他那不朽的功业万古传扬
缪斯女神赞颂着他
记忆的女儿们也为此高声歌唱
宾客的守护神，牢固友谊的奖赏。(R. 147)

2. 书　信[①]

【阿泰纽 697. 4】

在反驳渎神罪的控告（如若这篇讲话不是出自伪造）中，亚里士多德本人说：如若我是把赫尔米亚斯当做不朽的来祭祀，我就不会像对一个有死之辈那样为他准备纪念品了，如若我想把他的本性不朽化，我就不会对他的遗体行殡葬之礼了。

【哈尔色克拉雄《词条》《hoti ksenous》】

……亚里士多德在致菲利普的一封信里说，菲利普把阿

① 《亚里士多德全集》牛津英文修订版 2459—2462 页。

波罗番的女儿们释放给演员萨图洛斯。

【马尔西安《亚里士多德生平》34—40】

在他 17 岁时，收到皮蒂亚神对他将在雅典成为哲学家的预言。在那里他跟随苏格拉底，与他呆在一起，直到不久后者的死去，此后，他又追随柏拉图，与他呆在一起也是直到后者的逝世。这段时间长达 20 年，他在致菲力普的信中自己这样说。

【马尔西安《亚里士多德生平》121—127】

……在亚里士多德的书信里可以看到他对柏拉图的敬仰之情，他还向和柏拉图有亲属关系的君主作介绍。

【马尔西安《亚里士多德生平》73—80】

亚里士多德受到菲利普和奥林匹亚斯的重视，所以为他和他们自己立了一座雕像。这位在王国中有巨大影响的哲学家，尽他的力量来造福，在同一时间里不但对个别人而且对整个城邦以及所有人做好事。他对个别人所做的好事，从他给君主和王妃所写的谈各个不同题目的信中可以看出来。

【德梅特留《论词藻》233】

不过亚里士多德经常在书信中表达自己，例如，为了让人能做到，不论城邦的大、小都采取同样的福利措施。他说：在两种城邦中的神是平等的，因为德惠是女神，你可从她们同等地得到恩宠。

【迪奥·赫吕索斯图 47. 9—11】

我难免经常对来自斯塔吉拉的亚里士多德表示敬意，这是座奥林齐亚的小城，在奥林卒斯陷落之后，他通过同亚历山大和菲利普的亲密关系，重建了这个地方。我总是说他是唯一一个有好运成为自己家园创建者的人。但有一天我偶然在一封信里看到了亚里士多德的悔恨和悲哀。他说在这里有些人设法摧毁他所派遣的君主和政府，这事情并没有带来好处，城市根本不建也许更好。如若有人因没有城邦过流亡生活而痛苦，他们可以到乡下去过守法自由的生活，也许他们更愿意生活在村庄里如蛮族人那样，远胜有一个邦国的形式和名称。如若什么东西让人痛苦的话，我们何必惊异呢？亚里士多德在信里写了他已经放弃事务，因为他说正在撒手。

【埃利安《历史杂谈》12. 54】

亚里士多德想要平息亚历山大的怒气，而不再对许多人发火。他这样写给他：气恼和暴怒不是对更微卑的人而是对更强大的人而发，而你已经没有平等的对手了。

【阿里斯托克来残篇 2】

……为着他（亚里士多德）和普琪亚斯的婚姻，在致安提帕特的信里他做了充分的辩护。为了对赫尔米亚斯的照顾，他才在赫尔米亚斯死后与她结婚；她是一个温良的女性，因她兄弟的遇难，她的处境很为不幸。

【普鲁塔克《论心灵的宁静》472E】

亚里士多德写信给安提帕特说：亚历山大不公正，他认为身居万人之上有充分的理由骄傲，在对神有正确信念的人看来骄傲是一种妄自尊大。

【德梅特留《论词藻》225】

谁肯像亚里士多德对安提帕特那样对朋友说话呢？他在一封信中，为着老年的流放者对他说：如若这样的人作为流放者被遣送到各地去而永不回家，那么对宁愿回到地府之家园的人就无可非议了。

【埃利安《历史奇谈》14．1】

亚里士多德……写信给安提帕特说，当有人剥夺他在德尔斐对他的选举权的时候，他表示说：对为什么在德尔斐选举又为什么被剥夺，我的态度是既不十分在意也并非无足轻重。

【马尔西安《亚里士多德生平》184—191】

当雅典人群起反对他的时候，他退居到卡尔基斯，表明他的理由说："我不想让雅典人再次对哲学犯错误了"。由于在雅典公民和外邦人没有同等权力，他在一封信里对安提帕特说："生活在雅典是艰难的，梨子长到老还是梨子，无花果还是无花果"，这是针对不断告密的双关语。

【托罗密《亚里士多德生平》214Düring】

那时，有一个名为欧吕麦东的见习祭司（hierophantees）跳出来破坏亚里士多德的名声。他控告他犯了渎神之罪，声称亚里士多德对神的态度不虔敬。他是被一种嫉妒心所驱使，亚里士多德在一封致安提帕特的信里谈到这件事。

【托罗密《亚里士多德生平》215】

亚里士多德以多大的热心做好事，如何竭尽全力去帮助他周围的人，这从他的公开信和他的著作以及读者们所能得到的，他给当时君主和个人所写的大量评述里可以显明看到，由于这些交往，他们的事业得到发展，并且证明是有用的。

3. 遗　嘱

【第欧根尼·拉尔修 5. 11—16】

哲学家的生活就是这样。现在我们过渡到他的遗嘱，它是这样说的：

事情将是良好的；但如若碰到什么情况，亚里士多德作这样安排，一切事务由安提帕特常年主持，但在尼坎诺到来之前，由阿里斯托迈尼、提玛赫、希帕尔赫、第奥泰来以及塞奥弗拉斯托主持，如若塞奥弗拉斯托愿意并可能的话，由他来照顾孩子们、海普丽丝和产业。

待我的女儿成年时让她与尼坎诺结婚，如若这孩子在她结婚之前遇到什么事情（但愿什么也不会发生），或者虽然结了婚并无子息，由尼坎诺负责经管我的儿子和其他人的事务，以对他本人和我们都相宜的方式。让尼坎诺负责照顾我的女儿和儿子尼格马可以他认为最适于他们事业的方式，如他的父亲和兄长。如若尼坎诺或者在与我女儿结婚之前碰到什么事情（但愿什么也不会发生），或者虽然结了婚但无子女，他所作的任何安排都继续有效。如若塞奥弗拉斯托愿和我女儿共同生活，他将有和尼坎诺同等的权力。如若他不愿，执行人们，在与安提帕特商议之后，对我女儿和儿子的事务着手经管，以他们认为最佳的方式。

各位执行人和尼坎诺都记得我，从各个方面善待海普丽丝(因她对我好)。特别是，在她想找一个丈夫的时候，他们要注意不要以与我不相称的方式对待她；除了现在所有的以外，如若她想要，他们还要从家产中再给 1 塔仑特白银和三名女仆，以及现在她所有的女仆和从普拉来的奴隶。如果她想住在卡尔基斯，她就要花园旁的客房，如若她想住在斯塔吉拉，就要祖传的房屋，以及其中她所想要的。执行人们所提供的既要在他们力所能及的范围也要让海普丽丝感到满意。

尼坎诺也要关心奴隶穆尔麦克斯，以与我们相称的方式把他以及我们所收到的属于他的东西送回到自己人那里去。他们给予安布拉茜丝以自由，在我女儿结婚时给她 500 德拉克马和她所有的女仆。除现在她所买到的女仆之外，他们还要给塔莱 4 德拉克马和一个女仆。至于西蒙，除了以前所给的钱财之外，还要给他一个奴隶，他们或者给他买一个奴隶，或者给他钱。在我女儿结婚时图宏要成为自由人，菲隆和奥林庇乌以及他的孩子也是这样。不要出卖伺候过我的任何奴隶，让他们继续干活，在到了年纪时，按他们所应得的给以自由。

他们还要关心委托格吕良的那些雕像，它们已经完成了要树起来，一座是尼坎诺，一座是普洛克森（我立意所造的），一座是尼坎诺的母亲。至于已经完成了的阿伦耐斯托的那座，也要立起来作为纪念，因为他死时无子女。他们应在奈麦亚或其他最合适的地方把我母亲的雕像献给德美特尔。不论我葬在哪里都要把普琪亚斯的遗骨放上，如她所嘱托的那样。如若尼坎诺安全归来（我代他祈祷过），要在斯塔吉拉树立 4 肘尺高的石像献给救主宙斯和女救主雅典娜。

亚里士多德遗嘱的风格就是这样。

全 集 索 引

在索引编制过程中，顺势对全书各卷历 10 年岁月，经多人手笔所积淀下的歧义和差误做了更订。其中几个对本文影响重大的误差，在相关的条目中标出更正，至于全面的订改只能乘重印机会来作了。

索引中人名和术语每个词都附有原文，其拼写方法仍按汉语拼音方案处理，与在《古希腊哲学》中所提方案不同之处，在于对元音的长短作出区别。近来国际学术界已注意希腊语词元音长短差异之重要，将长元音特用音标标出。这种区别的必要性我们也长期感到，不过因传统拉丁化的拼写方法而听任旧习。现在既作改变，就觉得与其借音标符号，尚不如还其原貌，而且 ee、oo 这种形式的音节，至少英语读者是不会陌生的。不过，在这里仍只是对词尾作这样的改拼，其他音节的长短仍不作区别，因为希腊语词尾音的长短不但标志着性别的差异，同时也显示其格位之不同，至关重要，最好加以区别。

人名索引

A

B

C

D

K

L

M

O

P

X

Y

词 汇 索 引

A

B

F

G

H

J

K

L

M

N

O

P

R

W

X

图书在版编目（CIP）数据

亚里士多德全集：典藏本/苗力田主编．—北京：中国人民大学出版社，2016.8

ISBN 978-7-300-23232-4

Ⅰ．①亚…　Ⅱ．①苗…　Ⅲ．①亚里士多德（前 384—前 322）-全集　Ⅳ．①B502.233

中国版本图书馆 CIP 数据核字（2016）第 186346 号

亚里士多德全集（典藏本）

苗力田　主编

Yalishiduode Quanji

出版发行	中国人民大学出版社		
社　　址	北京中关村大街 31 号	**邮政编码**	100080
电　　话	010－62511242（总编室）		010－62511770（质管部）
	010－82501766（邮购部）		010－62514148（门市部）
	010－62515195（发行公司）		010－62515275（盗版举报）
网　　址	http://www.crup.com.cn		
经　　销	新华书店		
印　　刷	涿州市星河印刷有限公司		
开　　本	890mm×1240mm　1/32	**版　　次**	2016 年 8 月第 1 版
印　　张	148.625 插页 30	**印　　次**	2024 年 11 月第 4 次印刷
字　　数	2 830 000	**定　　价**	1380.00 元（全十卷）